KB143651

60세의 마인드셋

Original Japanese title: KOREISHA

Copyright © 2023 Hideki Wada

Original Japanese edition published by PRESIDENT Inc.

Korean translation rights arranged with PRESIDENT Inc.

through The English Agency (Japan) Ltd. and Danny Hong Agency

이 책의 한국어판 저작권은 대니홍 에이전시를 통한 저작권사와의 독점 계약으로
㈜현대지성에 있습니다. 저작권법에 의해 한국 내에서 보호를 받는 저작물이므로
무단전재와 복제를 금합니다.

SIXTY'S MINDSET

60세의 마인드셋

최고의
노인정신과
전문의가 말하는

60 이후
행복을 결정하는
7가지 태도

와다 히데키 지음

이은혜 옮김

현대
지성

자유롭고 거침없는
60대를 위한 가장 실용적인 답변

정희원(서울아산병원 노년내과 전문의)

내가 노년내과 의사로 일하면서 느낀 점은 많은 사람이 노년을 부정적으로 인식한다는 것이다. 젊은이들은 노년을 외면하고, 중년층은 늙지 않으려는 듯이 애쓰며 기를 쓰고 맞서 싸우려 한다. 노년에 접어든 이들은 반쯤 체념한 듯, 노년을 마치 죽음으로 가는 길목에서 만난 버려지는 시간쯤으로 여기며 흘려보내는 것 같다.

보험개발원의 발표에 따르면, 우리나라 여성의 평균 수명은 90.7세에 이른다. 이제 노년은 그냥 흘려보내기에 너무 긴 시간이 되었다. 그렇다면 이 길고 긴 시기를 어떻게 보내야 할까?

와다 히데키의 『60세의 마인드셋』이 그 답을 제시한다. 그는 노년을 가장 자유롭고 거침없이 살 수 있는 시기로 보고, 이를 위해 마인드 리셋을 권한다. 이 책은 우리가 은연중에 품고 있는 노년에 대한 부정적 시선을 바꿔준다. 늙고 아프면 지는 거라는 패배주의적인 관점을 버리게 하고, 그 자리에 새로운 시각을 채워준다. 지금을 즐기고, 타인의 시선에 신경 쓸 필요가 없다고 조언한다.

이 책은 노년과 노화에 대해 추상적이고 뻔한 소리를 하지 않는다. 오히려 다소 발칙하고 생생한 조언으로 가득하다. 더 늙으면 요양원에 갈 것인가, 말 것인가? 나이 들면 소비 습관은 어떻게 바꿔야 할까? 자식과의 거리는 어느 정도로 유지하는 게 좋을까? 60대쯤 되면 고민하게 되는 일상적 문제에 명쾌하고 실용적인 답변을 제시한다.

현재 한국의 노년층은 이전 어느 세대보다 건강하고 교육 수준이 높으며 부유하다. 고령화 사회라고 해서 활력 없이 살아야 하는 것은 아니다. 개개인이 활기차게 살기 시작한다면 우리 사회도 이전처럼, 아니 그 이상으로 활력을 되찾을 수 있다. 이 책은 그런 사회를 향한 지침서가 될 것이다.

늙어서 즐거워야 진짜 성공한 삶이다!

김정운(문화심리학자, 여러가지문제연구소장)

'재수 없으면' 100살까지 살 수도 있다고 한다. 오래 사는 것은 이제 당연한 축복으로 여겨지지 않는다. TV를 틀면 노후 자금이 충분해야 노후가 행복하다며 갖가지 보험을 들라는 광고로 요란하다. 그뿐이다. 돈이 있다고 노후에 행복해지지는 않는다는 것을 잘 알면서도, 다들 돈 걱정만 하며 늙어간다. 이 사회는 저출산을 그렇게 요란하게 걱정하면서도 대책 없이 늙어가는 노인들에 대해서는 크게 고민하지 않는 듯하다.

느닷없이 오래 살게 된 우리 아버지 세대들도 아무런 대책 없이 쓸쓸하고 고독한 노후를 보내다가 하나둘 세상을 떴다. 모두가 부러워하는 성공적인 삶을 살았다고 해도, 행복하고 즐거운 표정으로 늙어가는 노인을 본 적은 거의 없다.

늙어서 행복해야 진짜 행복한 거다. 늙어서 즐거워야 진짜 성공한 삶이다. 그러나 백세 시대를 사는 우리에게는 그리 바람직한 '롤모델'이 없다.

그래서 와다 히데키의 『60세의 마인드셋』을 읽어봐야 한다. 우리보다 먼저 '늙어감'을 경험하고 고민했던 일본 사회의 노하우가 아주 쉽고 명료하게 요약되어 있기 때문이다. 스스로도 늙어가는(!) 노인인 노인정신과 전문의 와다 히데키는 평생 '돈 걱정', '가족 걱정', '건강 걱정'만 하다가 전전긍긍하는 환자들을 진료하며 노년의 행복한 삶을 위한 7가지 마인드셋을 세웠다. 구구절절 공감하며 읽었다.

몇 년 전 환갑이라는 '말도 안 되는 나이'를 지나고 늙어감에 대해 깊이 고민하던 차였다. 그의 지혜로운 조언은 나를 잘 아는 오랜 친구와의 대화 같았다. 환갑을 맞이하던 날, 나는 일기장에 "아, 이제 더는 남의 말을 안 들어도 되는 나이구나!"라고 썼다. 그러나 이 책에 담긴 조언들은 귀담아들어도 좋을 것 같다. 내가 평소 막연하게 생각하던 것들을 아주 명쾌하게 이야기하고 있기 때문이다. 지금 당장이라도 과감하고 주체적인 삶을 살 수 있다는 용기가 샘솟는다.

매일 TV를 1번부터 100번까지 하염없이 돌리며 등장하는 인물마다 욕하며 늙어가는, 그러나 아직은 구제 가능한 '젊은 노인들'에게 이 책을 강력하게 추천한다!

일러두기
원서에 등장하는 화폐 단위인 엔화를 그대로 살렸으며,
독자의 이해를 돕기 위해 원화(100엔=1,000원 환율 적용)를 병기했다.

60대가 되었는가?
마인드부터 리셋하라!

15년 전쯤 모나코 국제 영화제에 초청을 받은 적이 있다. 당시 마주했던 광경이 지금도 잊히지 않는다. 레드카펫 앞으로 자동차가 차례차례 들어오고 나이 지긋한 노신사들이 내렸다. 그 모습을 보고 있자니 자연히 그들이 타고 온 차에 눈길이 갔는데, 열에 아홉은 고급 스포츠카였다. 어찌나 근사하던지 나도 모르게 멋있다는 감탄사를 쏟아냈고, 진심으로 부러워졌다.

그들은 사치를 부리며 호화롭게 사는 것에 조금도 거리낌이 없어 보였다. 어쩌면 이것이야말로 세상을 오래 살아온 자만이 누릴 수 있는 '특권'이 아닐까? 젊은 나이에 비싼 외제차를 끌고 다니는 사람을 보면 부모를 잘 만나 놀고먹는 금수저 혹은 돈벼락 맞은 졸부 같다는 생각부터 들기 마련이다. 하지만 같은 행동도 나이 지긋한 사람이 하면 인생의 품격이 느껴지고 찬사를 보내게 되니 말이다.

환갑, 잔치 대신
스포츠카!

노년은 사치가 어울리는 시기다. 하지만 일본인 중에 "이제 나이도 먹을 만큼 먹었으니 사치를 부리며 편하게 살아야겠다"라고 말하는 사람은 거의 없을 것이다.

일본의 노년층이 경제적으로 어려워서 그런 것일까? 아니다. 단지 마음가짐이 다를 뿐이다. 일본에서는 대학을 졸업하고 바로 취업해 정년까지 일한다고 했을 때 공무원을 기준으로 2,000만 엔(약 2억 원) 정도의 퇴직금을 받게 된다. 그리고 노후를 위해 퇴직금은 안전한 정기예금에 예탁해야 한다고 생각하는 사람이 여전히 많다. 큰

돈이 들어와도 쓰지 않는 것이다.

물론 나이가 들어 은퇴하면 꼭 사치를 부려야 한다는 말은 아니다. 하지만 '40년간 쉬지 않고 열심히 일한 나 자신에게 주는 선물'로 페라리나 포르쉐 같은 멋진 스포츠카를 한 대 구매하면 어떨지 상상해보자. 생각만 해도 짜릿하지 않은가?

세상을 살다 보면 지금까지 지켜왔던 사회적 통념과 상식에 더 이상 얽매이지 않는 시기가 온다. 이른바 '두 번째 인생'이다. 정년이 되어 퇴직하고 일선에서 물러나면 회사원이나 직장인이라는 족쇄는 사라진다. 그동안 회사와 업무, 사회생활에 치여 하지 못했던 일들을 자유롭게 즐길 때가 오는 것이다.

그럼에도 은퇴한 사람 중 다수가 여전히 남의 시선을 지나치게 신경 쓴다. 정신 없이 바쁘게 일하느라 하고 싶은 일이 있어도 미루고 참았던 젊은 시절처럼, 퇴직 후에도 여전히 마음을 억누르고 참기만 한다. 그렇게 참는다고 누가 알아줄까? 그리고 참는 것이 과연 정신과 신체 건강에 옳은 일일까? 인생에서 가장 자유로울 수 있는 시기에 왜 계속 참는 것일까?

참아야 하는
노년 생활?

하나하나 따지고 보면 노년의 생활은 참아야 하는 일투성이다.

의사가 혈압과 콜레스테롤 수치를 낮춰야 한다고 했으니 염분이나 지방이 많이 든 음식은 먹고 싶어도 참아야 한다. 갑자기 무슨 일이 생길지 모르니 여윳돈은 되도록 건드리지 말고 절약해야 한다. 눈에 확 띄는 화려한 옷을 입고 싶어도 "그 나이에 주책이야"라는 말을 듣지 않을까 눈치를 보다가 결국에는 무난한 옷으로 돌아선다.

나이를 먹을수록 남의 눈총을 받지 않도록 조심하고 자제해야 한다고 믿으며 노년을 보내는 사람이 생각보다 많다. 하지만 인생의 반환점을 돌았고, 모든 것을 참으며 정년까지 열심히 일했는데 은퇴 후에도 참기만 한다면 과연 행복한 삶이라 할 수 있을까? 나는 그렇게 생각하지 않는다. 내가 생각하는 행복이란 하고 싶은 일이 생기면 생각만 하지 말고 주저 없이 즐기는 것이다.

과거, 경제 상황이 좋지 않았던 시절에는 절약이 미덕

처럼 여겨졌다. 그때는 무언가를 하고 싶어도 마음을 억누르고 참는 것이 당연했다. 하지만 이제 60대와 70대에 접어든 사람들은 경제 호황기를 경험했기에 다른 생활 방식도 분명 알고 있다. 지금의 60대 이상은 버블경제(1980년대 후반부터 1990년대 초반까지 지속된 일본의 경제 활황기)를 직접 겪었고, 여유를 누리며 인생을 자유롭게 즐기는 법을 누구보다 잘 아는 세대인 것이다. 이런데도 노년에 참기만 하다니 이상하지 않은가? 무언가 돌파구가 필요하다.

지금이 바로
당신 인생의 전환점

지금의 60세에게 무엇보다 필요한 것은 '마인드 리셋Mind Reset'이다.

50대까지의 바쁜 마음가짐을 내려놓고 새로운 마인드셋을 가져야 한다. 나이가 들었다는 것은 그만큼 자유로워도 된다는 뜻이고, 마음가짐을 바꾸면 생활 방식이 달

라지기 때문이다. 나아가 세상도 다르게 보인다. 세상을
보는 눈이 달라지면 남은 인생은 분명 더 알차고 행복해
질 것이다. 그러다 70대에 들어서면 더 바빠 자유를 누
리면 된다. 그것이 뒤에 이어질 80대, 90대까지 마음 편
하고 즐겁게 사는 비결이다.

사회생활 면에서도 마찬가지다. 집에 틀어박혀 책이나
신문만 읽지 말고 밖으로 나가자. 동년배들을 만나 대화
하고 의견을 나누어보자. 모여서 영화나 연극을 본 후 감
상을 나누는 것은 어떤가? 온라인상에 자기 생각을 표현
하고 다양한 사람과 소통할 수 있도록 블로그나 인터넷
홈페이지를 개설하는 것도 좋은 방법이다. 적극적인 사
교 활동으로 뇌를 자극하면 젊음을 유지할 수 있다.

물론 그렇다고 생물학적으로 늙어가는 자연의 이치를
막을 수는 없다. 80대 후반에 들어서면 누구나 눈에 띄
게 근육량이 줄고, 적지 않은 사람이 치매 증상을 보인
다. 그쯤 되면 아무리 힘을 내려고 노력해도 마음처럼 되
지 않는다.

여기서 중요한 것은 '그렇게 되기 전'에 바뀌어야 한다
는 것이다. 인생의 전환점은 기다린다고 어느 날 갑자기

찾아오는 것이 아니다. 전환점은 60세가 된 바로 지금이다. 60세에 마음가짐을 바꿔야 70대에 자유분방하고 활력 넘치는 삶을 살 수 있고, 그래야 80대에도 왕성한 호기심과 활동량을 유지하며 다양한 사람들과 관계를 맺을 수 있다.

즉, 정년 후인 60대를 어떻게 보내는지가 남은 인생의 전부를 좌우하는 것이다.

활력 넘치는
노년층의 공통점

나이가 들면 전두엽의 기능이 쇠퇴한다. 전두엽은 대뇌의 앞쪽 부분으로 기억력과 사고력을 비롯해 추리력, 감정 등 고등 정신 작용을 관장하고 사람의 행동을 조절한다. 전두엽 기능이 저하되면 생각이 둔해지고 세상만사에 관심이 사라질 뿐만 아니라 의욕과 창의력이 떨어진다. 새로운 상황에 대한 대응 능력과 감정 조절 능력도 감소한다.

다만 전두엽을 열심히 사용한다면 그 기간에는 기능이 급격히 저하되지 않는다. 그러니 나이가 들었다는 이유로 무조건 활동량을 줄이고 절제하는 것은 좋지 않다. 오히려 하고 싶은 일을 끊임없이 생각해내서 마음껏 즐기며 바쁘게 살아야 전두엽의 퇴화 속도를 늦출 수 있다.

사실 전두엽은 40대부터 위축되기 시작한다. 경우에 따라 한창때인 40대에 이미 의욕을 잃고 창의력을 전혀 발휘하지 못하는 사람도 있고, 70대나 80대가 되어서도 끊임없이 획기적인 아이디어를 쏟아내며 뛰어난 성과까지 내는 사람도 있다.

이를테면 닛신식품의 창업자 안도 모모후쿠가 그렇다. 그가 인스턴트 라면의 시초인 '치킨라멘'을 개발해 세상에 내놓았을 때의 나이는 48세였다. 이후에도 식품 개발을 향한 그의 열정은 식지 않았고, 95세에는 일본 우주항공연구개발기구JAXA와 협업해 우주 비행사를 위한 휴대용 식품을 개발해냈다.

오랜 기간 게임 회사 닌텐도의 사장을 역임하다가 75세에 이사 겸 고문으로 물러난 야마우치 히로시 역시 생의 마지막 순간까지 뛰어난 아이디어를 쏟아냈다. 그는 선대 사장이었던 할아버지로부터 화투와 트럼프 카드 제조 업체였던 닌텐도를 물려받아 새로운 완구 제품을 잇달아 개발하는 회사로 변모시켰다.

내가 초등학생이던 시절, 닌텐도에서 나온 스프링으로 길이를 늘였다 줄였다 하며 멀리 떨어진 물건을 집을 수 있는 장난감 '울트라핸드'와 센서를 탑재한 장난감 '광선총 SP'가 선풍적인 인기를 끌었다. 이 두 제품이 성공하자 야마우치 사장은 전자 기술의 미래를 확신하고 게임기 개발에 뛰어들었다. 그 후 닌텐도는 가정용 비디오 게임기 '패밀리 컴퓨터(패미컴)'를 출시해 폭발적인 반응을 얻었다.

패미컴 출시 당시 야마우치 사장의 나이는 55세였다. 뒤를 이어 큰 인기를 얻은 휴대용 게임기 '게임보이'를 출시했을 때는 61세였고, '닌텐도 DS'에서 화면을 나누어 두 사람이 함께 게임을 즐길 수 있도록 개발해보자는 아이디어를 낸 것은 이미 사장직에서 물러난 뒤였다.

인간의 두뇌는 쓰면 쓸수록 활성화된다. 앞의 사례들을 보면 나이를 먹는다고 무조건 전두엽 기능이 쇠퇴하는 것은 아님을 알 수 있다. 안도 회장과 야마우치 사장이 보여준 것처럼, 의욕 넘치는 중장년과 노년층은 오히려 자신이 쌓아온 삶의 노하우를 십분 활용해 나이가 들수록 더 창의적인 아이디어를 내놓기도 한다.

행복하게
삶을 마무리하는 방법

우리는 나이, 체형, 성격, 사고방식, 생활 환경, 직업, 가족 구성 등 모든 면에서 서로 다른 삶을 살아간다. 하지만 모든 사람에게는 한 가지 공통점이 있다. 바로 언젠가 죽는다는 것이다. 죽지 않는 사람은 없다. 이 사실만은 단언할 수 있다. 다만 죽음에 이르는 길은 두 갈래로 나뉜다.

하나는 행복하고 즐거운 길이다. 생의 마지막 순간에 '한평생 만족스럽게 잘 살았다'라고 웃으며 죽음을 맞이하는 길이다. 다른 하나는 미련 가득한 길이다. 과거에 했던 선택을 후회하고 삶이 끝나는 것을 안타까워하며 한탄 속에 눈감는 길이다. 당신이라면 둘 중 어느 길을 택하겠는가? 답은 들을 필요도 없다.

마지막 순간에 만족스럽게 생을 마감하려면 어떻게 해야 할지 생각을 거듭해도 답은 하나뿐이다. 늙어가는 현실을 받아들이고 지금 할 수 있는 일을 소중히 여기는 마음가짐을 갖는 것이다. 결국 행복한 말년과 괴로운 말년을 나누는 기준은 '마음'이기 때문이다.

행복이란 어디까지나 주관적인 개념이다. 스스로의 생각에 따라서 충분히 바뀔 수 있다. 누군가는 늙어가는 처지를 한탄하며 생활에 제약이 점점 늘어나고 할 수 있는 일이 줄어든다고 한숨만 내쉰다. 반면 다른 이는 늙어가는 현실을 긍정적으로 받아들이고 아직도 혼자 힘으로 할 수 있는 일이 많다며 활기차게 살아간다. 둘 중 누가 더 행복할까?

당연한 말이지만 지금까지 쌓여온 나의 임상 경험에 비추어 보아도 후자가 훨씬 행복해 보였다. 또한 이런 사람들은 대부분 당사자뿐만 아니라 가족과 주변 사람들에게도 긍정 에너지를 전파하고 있었다.

현재 일본은 65세 이상을 '고령자', 75세 이상을 '후기 고령자'로 규정하고 있다(한국은 만 65세 이상을 '노인'으로 규정하고 소득에 따라 기초연금과 교통비를 지원하고 있다).

고령자라는 단어를 볼 때마다 드는 생각이지만, 단순히 나이를 기준으로 사람을 딱 잘라 나누는 듯한 어감이 왠지 언짢고 부정적으로 느껴진다. 그들도 지금까지 최선을 다해 열심히 살아온 사람들일 텐데 말이다. 그래서 밝고 희망찬 새 표현을 제안하고자 한다.

'고령자高齡者'에서 나이가 많음을 뜻하는 '고高' 자를 행복을 의미하는 '행幸' 자로 바꿔보면 어떨까? 글자 하나만 바꾸었을 뿐인데 '나이가 많은 사람'이 아니라 '행복한 나이에 이른 사람'이라는 뜻이 된다(일본어에서는 두 표현 모두 '코레샤'로 발음이 같다). 65세가 넘어도 즐거운 일상을 보내며 매일 행복하다고 느끼는 사람을 '고령자'라는 딱딱하고 건조한 표현 대신 '행복한 고령자'라고 부르면 어떨까? 한 단어만 더했을 뿐인데 왠지 모르게 따뜻하고 노년에 대한 희망도 느껴지지 않는가?

행복한 노년을 보내고 인생을 잘 마무리하고 싶다면 참고 또 참는, 나이만 많은 그냥 '고령자'가 아니라 '행복한 고령자'가 되어야 한다. 행복한 고령자가 되기 위해서는 60세부터 본격적인 준비가 필요하다. 이 책을 통해 그 준비 과정과 마음가짐을 소개하려 한다. 즉, 이 책은 60대를 위한 최초의 자기계발서인 셈이다. 많은 독자들이 '행복한 고령자'가 되어 편안하고 즐거운 노년을 맞이하길 간절히 바란다.

마음을 바꾸면
운명까지 달라진다

앞서 말한 것처럼, 행복한 고령자가 되려면 우선 마인드를 리셋해야 한다.

나는 젊은 시절부터 30년 동안 의료 현장에 몸담아오며 6,000명 이상의 고령자들을 만났고, 그들의 삶을 지켜보며 무엇이 행복과 불행을 결정짓는지 직접 보고 배웠다. 그 과정에서 깨달은 바를 아래의 '마인드셋 7계명'으로 간단히 정리해보았다.

1. 이기고 지는 일에 연연하지 말자
2. 해보기 전에 지레 판단하지 말자

3. 틀에 박힌 생각에서 벗어나자

4. 지금 이 순간을 즐기자

5. 남과 비교하지 말자

6. 답은 스스로 찾자

7. 남의 시선을 신경 쓰지 말자

혹시 다음과 같은 말을 들어본 적이 있는가?

마음이 바뀌면 행동이 바뀌고,

행동이 바뀌면 습관이 바뀌며,

습관이 바뀌면 인격이 바뀌고,

인격이 바뀌면 운명이 바뀐다.

지극히 당연한 말이다. 마음가짐을 달리하면 당신의 행동이 바뀌고, 이어 습관이 바뀌고, 결국 당신의 운명까지 달라질 것이다. 이 말을 가슴에 새기고 지금부터 행복한 노년을 위한 마인드셋 7계명의 구체적인 실천법을 하나씩 들여다보자.

목차

4장

1장

아낌없이 소비하면
행복과 건강이 따라온다

삶의 끝에
후회하지 않으려면

행복하게 늙어가며 보람찬 노후를 보내고 싶다면 우선 마음가짐부터 뜯어고쳐야 한다. 앞에서 강조했듯이 '마인드 리셋'이 필요하다.

나이 들어서까지 젊은 시절과 같은 마음으로 생활하면 일상이 괴로워질 뿐이다. 고령자 중 대다수가 은퇴 후에도 계속 일하며 어떻게든 돈을 모아야 한다고 생각한다. 타인에게 의지하거나 신세 지는 것을 꺼리고, 건강검진을 받고는 의사가 권하는 대로 탄수화물과 지방을 줄이며 소식小食하려고 한다. 하지만 이렇게 참고 절제하는 생활 습관은 결코 즐겁고 행복한 노후를 보장하지 못한다. 사실, 끊임없이 인내하고 욕구를 억누르기란 정말 괴로운 일이다.

60세에 접어들어 가장 마인드 리셋이 필요한 부분은

바로 '경제관념'이다.

　나는 지금껏 긴 세월 의료 현장에서 수많은 고령 환자들을 돌보며 한 가지 중요한 사실을 깨달았다. 나이를 먹으면 어쩔 수 없이 몸이 쇠약해진다는 것이다. 하루하루 늙어가다가 어느 날부터는 잘 걷지 못하게 되고, 얼마 지나지 않아 누워 지내는 날이 온다. 치매에 걸리기도 한다. 나이가 들면 누구에게나 일어날 수 있는 일이다. 그때가 되어서야 고령자는 돈을 쓰기조차 쉽지 않다는 사실을 뒤늦게 깨닫는다.

　경제관념은 생애주기에 따라 달라진다. 젊은 시절에는 집을 샀다면 대출금도 갚아야 하고, 자녀 교육비도 들어가는 데다, 노후 자금까지 마련해야 하니 되도록 아끼고 절약하며 생활하는 경우가 많다. 한창 일하고 재산을 쌓을 나이에는 그게 맞다. 그러나 나이가 들면 자식들이 독립해서 생활비도 줄어들고, 그동안 모은 돈이 있으니 어느 정도 여유가 생긴다.

　그럼에도 많은 사람들이 나이가 들어서도 절약하는 습관을 고치지 못한다. 계속해서 아끼기만 하다가 어느 날 갑자기 쓰러져 다시는 일어나지 못하거나 치매에 걸려버린다. 그때부터 여행은 꿈도 꿀 수 없는 일이 된다. 분위기 좋은 레스토랑에서 식사 한 끼를 하는 일조차 버거워진다.

이렇게 치매나 노환이 와서 일상적인 생활을 하기 어려워지면 요양원이나 요양 병원에 들어가게 된다. 이때쯤 되면 돈이 많이 필요해질 것 같지만 사실 개호보험介護保險(한국의 노인장기요양보험에 해당) 제도가 있어서 매달 들어가는 요양원비나 간병비는 연금으로 그럭저럭 충당되는 경우가 많다.

이 사실을 알게 되면 그제야 많은 이들이 때늦은 후회를 한다. '내 행복을 나중으로 미루지 말걸', '내가 왜 그렇게 악착같이 돈을 모았을까?', '참으며 흘려보낸 인생이 너무나도 아깝다', '조금 더 즐기면서 살 것을……'이라며 안타까워하지만 그렇다고 젊음과 건강이 되돌아오지는 않는다.

그래서 마인드 리셋이 절실히 필요한 것이다. 더 늦기 전에 지금까지의 생각을 버리고 마음가짐을 고쳐보자. 돈은 쓸 수 있을 때, 마음이 풍족해지고 행복해지는 일에 충분히 써야 한다.

돈은 통장보다
지갑에 있을 때 빛난다

애당초 돈이란 가지고 있을 때보다 쓸 때 더 가치가 있는 법이다. 어떻게 들릴지 모르지만, 백화점 매장 직원들은 비싼 물건을 큰 고민 없이 통 크게 구매하는 고객에게 더 정중히 응대한다. 집에서는 자식이나 손주에게 용돈을 많이 내줄수록 좋은 부모이자 멋진 할머니 할아버지 대접을 받는다. 돈을 써야만 인정받는다는 뜻은 아니지만 이것은 엄연한 현실이다. 돈으로만 사람을 판단하고 평가하지는 않겠지만 때때로 태도가 달라지는 것이 사실이다.

경제력이 있어야 훌륭한 사람이라는 말은 아니다. 다만 자본주의 사회에서는 '손님이 왕'임을 부정할 수 없다는 뜻이다. 그러니 돈을 적시 적소에 잘 쓰는 사람이 현명한 사람이다. 죽을 때까지 계속 돈을 모으고 쌓아두기만 하는 것처럼 인생을 낭비하는 짓은 없다. 그렇게 모아서 남긴 거액의 유산은 결국 죽은 뒤 자식들 사이에 갈등과 분열만 일으킬 것이다.

유산이 없다면 다툼이 생길 일도 없다. 재산을 남기지 않고 눈을 감으면 자손과 친지들이 장례식장에 모여 "참 좋은 사람이었어", "인품이 훌륭한 분이었지"라고 말하며 평화롭고 조용하게 추모하는 것으로 끝날 것이다.

그러니 감히 말하건대, 그동안 모은 돈은 모두 자신을 위해서 쓰자. 자식에게 남겨주어야 하는 것은 거액의 유산보다 삶을 살아가는 데 필요한 지혜와 인생을 즐기며 행복하게 사는 이상적인 부모에 대한 기억이다.

60대가 지금과 다른 태도로 더 많이 소비하기 시작하면 어떤 일이 생길까? 오랜 시간 일하며 적지 않은 재산을 쌓아온 이들이 소비를 늘린다면 시장 경제는 활기를 띨 것이고 경기 상승까지 뒤따를 것이다.

자세한 이야기는 뒤에서 다시 하겠지만, 60대 이상 중장년층이 지갑을 열기 시작하면 기업들은 자연스럽게 그들이 편리하게 이용할 수 있는 자동차와 컴퓨터를 개발하고, 더 나아가 그들에게 적합한 집을 짓고자 할 것이다. 이윤 추구를 목표로 하는 기업은 당연히 소비자가 원하는 방향으로 움직이기 마련이다. 이렇게 되면 고령화 사회에 걸맞은 서비스와 상품이 점점 늘어날 것이다. 그러니 나이를 먹을수록 적극적으로 소비해야 한다.

시간이 흐르면 남는 것은 추억뿐이다. 죽기 전에 "맛있는 음식이나 실컷 먹어볼걸", "세계 일주를 해보고 싶었는데", "퇴직금으로 스포츠카나 살걸" 등과 같은 후회를 남기지 말고, 하고 싶은 일이 있다면 망설이지 말고 지금 당장 하자.

지금까지 유지했던 절약 정신은 내려놓고 새로운 마음가짐으로 살아가야 한다. 돈은 통장에 보관하는 것이 아니라 지갑에 두고 자유롭게 쓰라고 있는 것이다. 써야 행복해진다. 쓰지도 않을 돈을 열심히 모아봤자 아무런 의미가 없고, 모으는 행위 자체가 목적이 되면 오히려 집착을 불러일으켜 불행의 씨앗이 될 뿐이다.

불안하다면
미리 대책을 세우자

주위를 둘러보면 나이가 들수록 앞날에 대한 불안 때문인지 외식을 덜 하고 술과 담배, 커피와 차 등 기호식품까지 멀리하며 지출을 줄이고 노후를 준비하는 사람이 많다. 그런 이들을 보면 뜯어말리고 싶다. 나는 60세부터는 내키는 대로 거침없는 인생을 살아야 한다고 생각한다. 거리낄 것 없이 살아가는 마음가짐과 생활 방식이야말로 젊음을 유지하고 총기聰氣도 지키는 진정한 비법이기 때문이다.

우리는 왜 노후를 불안해할까? 나 역시 일본인이니 일본 사람들이 불안해하는 원인 중 하나는 알 것 같다. 일본인은 애당초 다른 나라 사람들보다 '심리적 불안감'이 높은 편이다. 주변에서 일어나는 안 좋은 일을 보며 '내게도 저런 일이 생기면 어떡하지?'라는 불안감을 안고 산다. 아직 일어나지도 않은 일을, 어쩌면 일어나지도 않을 미래의 일까지 미리 걱정한다.

이렇게 불안해하는 사람은 많이 봤지만 실제로 그런 일이 벌어졌을 때 어떻게 대처할지 진지하게 고민하며 대책을 세우는 사람은 거의 보지 못했다.

미래가 불안하다고 걱정만 하며 스트레스 받지 말고, 우려가 현실이 되었을 때 어떻게 행동할지 구체적인 대책과 지침을 미리 생각해두면 어떨까?

예를 들어 암에 걸릴지도 모른다는 생각에 불안하면 암을 잘 진단하고 치료하는 좋은 병원과 전문의를 검색해놓자. 치료 요법과 비용도 자세히 알아보고, 최악의 상황이 오면 어떤 처치를 받을 수 있는지, 어떤 방식을 원하는지 고민해보고 결정해두면 된다. 이렇게 단계별로 차근차근 대비하면 불안감도 차차 줄어들 것이다.

돈 문제도 마찬가지다. 불안한 마음을 그대로 품고만 있으면 어쩔 수 없이 절약하고 소비를 자제하게 된다. 그러나 이 말은 살짝 뒤집어보면 불안한 마음만 달래주면 내키는 대로 거침없이 돈을 쓸 수 있다는 뜻이기도 하다. 아직 닥치지 않은 미래에 전전긍긍하지 말고 구체적인 대책을 세워 마음속 불안을 지워보자. 불안을 잘 다스리는 것도 나이가 들수록 꼭 필요한 지혜 중 하나다.

건강해지기 위해
돈을 쓰고 놀아라

 나이를 먹으면 건강해지기 위해서라도 마음

껏 돈을 쓰고 노는 것이 좋다.

코로나-19 감염증Covid-19이 한창 유행할 때 많은 의사들이 감염자와 비감염자의 차이에 관해 연구했다. 가장 큰 차이는 바로 면역력이었다. 면역력이 높은 사람은 코로나 감염증뿐만 아니라 다른 질병과 스트레스에도 강해서 면역력이 약한 사람보다 더 건강하게 살 수 있었다. 여러 연구 결과가 면역력이 건강을 유지하는 데 중요한 역할을 하는 필수 요소라는 사실을 증명하고 있다.

이토록 중요한 면역력을 높이는 법은 의외로 쉽고 간단하다. 되도록 스트레스를 받지 않고 최선을 다해 즐겁게 사는 것이다. 그래서 60대 이후에는 새로운 인생 지침이 필요하다. 하기 싫은 일은 뒤로 미루고 재미있는 일부터 하는 것이다. 당장 오늘부터 실천해보자.

일본에는 나이가 들수록 욕심을 버리고 검소하게 살아야 한다는 인식이 만연해 있다. 누군가가 연금으로 취미나 유흥을 즐겼다가는 '노는 데 연금을 쓰는 것은 비상식적이다', '연금으로 게임장에 간다니 말도 안 된다'라는 비난을 받을지도 모른다.

이런 인식은 밖에서 보내는 즐거운 여가 시간이 전두

엽을 자극한다는 사실을 배제하고 있다. 게다가 웃고 즐기는 것은 그 자체로 인간의 정신과 신체에 긍정적인 영향을 미친다. 그러니 나이 든 사람이 나가 놀겠다고 하면 비난의 시선을 보내며 혀를 찰 것이 아니라 오히려 '그 나이에는 마음껏 즐기셔야 한다'라며 등 떠미는 것이 더 옳은 일이다.

나이가 들수록 몸뿐만 아니라 마음과 감정도 함께 늙는다. 그래서 점점 더 강한 자극이 필요하다. 뇌가 노화할수록 어지간한 일에는 크게 반응하지 않게 되고, 산전수전 다 겪으며 살아온 만큼 웬만한 사건으로는 감정이 요동치지 않기 때문이다.

게다가 사회생활을 하며 쌓아온 연륜 덕분에 앞으로 펼쳐질 상황이 훤히 보이고, 무슨 일이든 요령 있게 뚝딱 해치운다. 경험이 쌓여 실패할 확률이 적어진 것은 다행이지만 솔직히 그만큼 인생이 지루해진다. 세상만사에 흥미와 관심도 떨어진다. 그래서 나이가 들면 지금까지와는 다른 새로운 재미를 찾아야 하는 것이다.

고령자가 즐길 만한 재밋거리를 찾다 보면 종종 적지 않은 비용이 들어가는 것도 사실이다.

젊을 때는 엄청난 애주가로 주종을 가리지 않고 음주했다고 해도 세월이 지나면서 스타일은 변하기 마련이다. 대학생이나 사회 초년생 때는 작은 포차에서 값싼 맥주나 소주만 있어도 즐겁게 마실 수 있지만, 중장년을 거치며 어느 정도 여유가 생기면 자연스레 값비싸고 좋은 술을, 이왕이면 더 고급스러운 안주에 곁들여 마시고 싶어지는 것이 인지상정이다.

그러니 한 달에 세 번 선술집에 들러서 매번 같은 술과 안주에 자잘한 금액을 쓰는 것보다 한 달에 한 번, 비싼 고급 술집을 찾아 음주를 즐기는 것은 어떨까? 어차피 나이가 들면 젊을 때처럼 자주 술을 마시기도 어렵다. 세 번에 나누어 쓸 돈을 모아서 전에는 가지 못했던 비싼 고급 주점의 문을 두드려보자. 경험의 만족도가 높을수록 뇌에 더 긍정적인 자극이 되어줄 것이다.

젊은 시절 회사에 다니며 거래처 사람들을 접대하기 위해 고급 요리주점에 자주 방문했거나 골프를 치러 다녔다면 은퇴한 뒤에 그때 갔었던 요릿집이나 골프장에 다시 가보는 것도 좋겠다. 적지 않은 비용이 들겠지만 더 이상 회사원이 아니니 진정한 의미에서의 여유를 만끽

할 수 있을 것이다.

여행도 마찬가지다. 경비를 아끼며 늘 가던 곳으로 향하는 가성비 따지는 여행은 그만두고, 돈이나 시간 문제로 그동안 가보지 못했던 곳으로 떠나보자.

공연이나 스포츠 경기를 관람할 때도 늘 앉던 평범한 자리 말고 한 단계 높은, 더 비싼 좌석을 예매해보자. 색다른 감동을 느낄 수 있을지도 모른다.

60대가 되어 은퇴하고 사회 일선에서 물러나면 집에서 혼자 보내는 시간이 늘어 소외감을 느낄 수도 있다. 이 시점에 양보다 질을 추구하며 다양한 경험을 하면, 깊이 있는 만족감을 얻는 것은 물론 여유를 실감하고 스스로를 더욱 잘 알게 될 것이다.

스스로에게 돈을 쓰고 정성을 들일수록 더 좋은 것을 누리고 싶어지기 마련이며, 궁극적으로 자기 자신을 아끼고 사랑하게 된다. 스스로를 사랑하면 당연히 행복해지고, 행복감은 뇌에 긍정적인 영향을 끼친다. 이는 면역력 상승이라는 선순환으로 이어진다.

즉, 노년에 마음껏 놀고 기분 좋게 돈을 쓰는 것은 정신 건강도 챙기고 노화도 늦추는 좋은 방법이다.

고급 요양원에 들어가면
정말 좋을까?

　　혹시 독자 여러분 중 이런 생각을 하는 사람이 있는가? '60대 이후에도 아끼고 아껴서 돈을 잘 모아뒀다가 더 늙으면 고급 요양원에 들어가야지.'

　대부분의 사람들은 70대부터 체력적으로 약해지기 시작한다. 이때부터 점점 누군가의 도움 없이 생활하기 어려워진다. 일상에서 타인의 도움이 필요한 사람의 비율이 70대에는 6~13퍼센트 정도 되지만, 80대에는 26~60퍼센트가 되고, 90대에는 70퍼센트를 넘는다. 그중에는 전혀 거동을 하지 못하거나 치매 증상을 보이는 사람도 있다. 이런 경우 가족이 있더라도 집에서 부양하기 어려운 것이 사실이다. 그러니 적절한 시기가 되면 어떤 형태로든 요양 시설에 들어가는 것을 고려해야 한다. 그렇다면 어떤 요양 시설에 들어가는 것이 좋을까?

　고급 요양원은 확실히 시설이 훌륭하다. 편안하고 안락하고 고급스러운 곳에서 말년을 보내고 싶지 않은 사람이 어디 있을까? 하지만 현실적으로 생각해보자. 중증 치매에 걸려 몸을 움직이지 못하고 병상에 누워 지내는 사람에게 과연 고급스럽고 호화로운 공간이 필요할까? 과연 지불한 금액만큼 그곳에서 행복한 시간을 보낼 수 있을까? 나는 그렇지 않다고 본다.

일본은 2000년부터 개호보험 제도가 시행되어 비용은 물론 질적인 면에서도 요양 시설의 수준이 크게 개선되었다. 특히 국가에서 지정한 노인복지시설 '특별양호노인홈'은 저렴한 비용에 꼼꼼한 서비스를 제공한다. 직원들도 잘 훈련받은 전문가들이다. 또한 국가나 지자체 홈페이지에서 찾아보면 부담되지 않는 선에서 누릴 수 있는 각종 돌봄 서비스가 많다.

반면 고급 사설 요양원은 훨씬 비싼 비용을 내야 한다. 그런데 누워서 요양하는 이에게 특별한 서비스를 제공하기는 생각만큼 쉽지 않다. 비용 대비 효과를 따져보면 꼭 고급 요양 시설에 들어가야 행복하다고 말하기 어려운 것이다.

게다가 현실적으로 요양원에서 지내게 될 때쯤에는 이미 몸을 움직여 이곳저곳 돌아다닐 수 있는 상태가 아니니 돈을 쓸 일도 별로 없다. 언젠가 나이를 먹고 몸을 잘

가누지도 못할 때를 대비해 현재의 즐거움을 포기할 필요가 있을까 묻는 것이다. 한 번쯤 고민해볼 만한 문제다.

소비 시장의 주역, 단카이 세대

요즘 일본 경제에서 가장 문제가 되는 것은 다름 아닌 '소비력'이다. 급여가 오르지 않으니 소비를 줄일 수밖에 없는데, 물가는 인플레이션으로 나날이 치솟고 있다. 사치를 부리는 것은 상상하기도 어렵다. 상황이 이러하니 물건을 열심히 생산해도 팔리지 않고, 기업이 이익을 내지 못하니 경기 침체는 지속화된다. 이것이 현재 일본 경제의 실태다. 현 상황에서 벗어나기 위해서는 무엇보다 소비가 크게 늘어야 한다. 이 문제를 해결할 열쇠가 바로 60대의 손에 있다.

단카이 세대団塊世代(2차 세계대전 종전 후 1947년부터 1949년 사이에 태어난 일본의 베이비붐 세대)가 이끌었던 고도 경제성장기(2차 세계대전 이후 일본 경제가 빠르게 성장했던 1955년부터 1973년까지를 가리킴)에는 물건이 날개 돋친 듯이 팔려나갔다. 모두가 가전제품, 자동차, 집은 물론 식비와 레저 활동에도 아낌없이 지갑을 열었다.

게다가 베이비붐 세대라고 불릴 만큼 인구가 늘었으니 결혼하는 부부의 수도 많았다. 자연스럽게 가족이 늘고, 소비도 폭발적으로 늘었다. 수요가 있으니 당연히 생산도 늘었다. 경기가 좋으니 월급도 계속 올랐고, 경제적으로 여유로워진 사람들은 마음 놓고 대출을 받아 집도 사고 차도 샀다.

지금 60대에 접어든 사람들은 이런 호황기를 몸소 겪으며 살아왔다. 그러니 마음가짐을 바꾸는 것이 어렵지 않다. 다시 예전처럼 즐기면서 살면 된다. 하지만 내가 아무리 이렇게 주장해도 대부분의 나이 든 사람들은 이제 더 이상 일을 하지 않는다며 소비를 줄이려고만 한다.

그들이 간과하면 안 되는 점이 있다. 일을 하지 않아서 수입이 없다고 해도 엄연히 소비자라는 사실이다. 예전처럼 주저 없이 먹고 즐기지 않더라도 소비자라는 사실에는 변함이 없다. 60대는 점점 어려워지는 내수 경제에 활기를 더해줄 소비 시장의 주역인 것이다. 그러니 가슴을 펴고 당당해지자. 연금으로 사는 사람이든 복지 혜택을 받는 사람이든 소비자라는 사실에는 변함이 없다. 전혀 주눅들 필요가 없다.

또한 60대가 든든한 소비자라는 인식이 널리 퍼져야 점차 살기 좋은 세상으로 나아갈 것이다. 이를테면 TV 프로그램을 떠올려보자. "요즘 볼 만한 프로그램이 없다"라는 말이 나온 지 오래다. 방송국에서는 이탈하는 젊은 시청자를 붙잡고자 필사적으로 새롭고 재미있는 프로그램을 제작하고 있지만, 그들은 이미 TV에 이별을 고하고 넷플릭스, 유튜브 같은 온라인 동영상 서비스OTT와 인스타그램, 페이스북 등의 SNS로 플랫폼을 옮겨갔다.

이런 시점에 방송국이 중장년을 핵심 소비층으로 인식하게 만들면 어떨까? 방송을 제작하고 송출해도 보지 않는 젊은 층보다 중장년층에게 유익하고 필요한 프로그램이 더 많이 제작될 것이다. 볼 만한 프로그램이 생기면 60대에게도 좋은 일 아닌가?

출판 시장도 마찬가지다. 예전에는 나이가 들면 노안이 오고 게을러져 책을 읽지 않는다는 고정관념이 있어서인지 60대 이상을 타겟으로 삼은 책이 많이 출간되지 않았다. 그러나 지금은 어떤가? 서점에 가보면 노년을 주제로 쓴 나의 저서들이 꽤 넓은 매대를 차지하고 있다. 60대부터 90대까지 다양한 연령의 독자들이 집중해서 독서하는 모습도 볼 수 있다. 이들은 여전히 지적 호기심이 왕성하다. 출판사들도 이런 사실을 인지했는지 요즘은 고령층을 겨냥한 책을 써달라는 요청이 끊이지 않고 들어온다.

일반 상품과 서비스도 다르지 않다. 아직 시장에서 그 수요를 눈치 채지 못하고 있을 뿐이다. 그러니 60대가 적극적으로 목소리를 높여 소비 시장의 주역이 되어야 한다. 그래야 더 나이 들어도 편하고 즐겁게 살 수 있는, 궁극적으로 고령자 친화적인 세상으로 나아갈 수 있다.

사회적 역할과 권리에는 나이가 없다

한편 고령자에게 주어진 사회적 역할과 권리도 잊어서는 안 된다. 50대든 60대든 70대든, 현대 시민 사회를 이루는 구성원이라는 사실에는 변함이 없다. 모두 주권을 가진 시민 사회의 주역이다.

생각해보면 우리 사회에는 모두가 힘을 모아 해결해 나가야 할 문제가 정말 많다. 이 책을 읽는 당신도 몇 가지 예시만 들면 고개를 끄덕일 것이다. "부자들의 배만 불려주는 현 세금 제도를 개선하라!", "대기업만 수익을 올리고 중소기업은 희생당하는 비정상적인 산업 구조를 바꿔라!", "언론사와 방송사가 기업과 정부 눈치만 본다!", "고령자를 향한 근거 없는 비난이 퍼지는 것을 막아야 한다!" 이렇듯 불합리한 점을 명확히 지적하고 개선하는 것이야말로 시민 사회가 지향해야 할 바람직한 방향이다.

나이가 들었다고 왜 사회에 불만이 없고, 왜 이해할 수 없는 일이 없겠는가. 60대와 그 이상 고령층에 관련된 문제도 아주 많다.

직접적인 예시를 살펴보자. 2021년 4월 기준 일본 내 어린이집 입소 대기자는 5,634명으로, 2017년의 5분의 1 수준으로 줄었다. 어린이집이 부족해 한동안 떠들썩했던 것을 떠올려보면 문제가 해결되고 있다니 매우 다행스럽고 기쁜 일이다.

반면 중증 노인을 위한 국공립 요양 시설 '특별양호노인홈'의 입소 대기자 수는 어떨까? 2019년 12월에 29만 2,000명을 찍었고 여전히 감소할 기미가 보이지 않는다. 이런 와중에 2022년부터는 의료비 자기 부담률까지 10퍼센트에서 20퍼센트로 크게 상승했다.

또한 요즘 지방에서는 인구 감소로 인해 대중교통 노선이 점점 줄고, 전국적으로 국공립 병원도 통폐합되어 그 수가 줄어드는 추세다. 지역에 따라 조금의 차이는 있지만 역 주변으로 형성되었던 번화가는 나날이 쇠퇴해 상점은 하나둘씩 문을 닫고 있다. 대신 외곽 곳곳에 대형 쇼핑몰이 들어서서 살기 좋아졌다고 하지만 오히려 간단한 장보기는 더 불편해진 것이 사실이다. 지방에서는 차가 없으면 생활 자체가 쉽지 않다. 이런 상황에서 정부는 고령자의 운전이 위험하다며 면허증을 회수하려 하고 있다.

당사자들이 나서서 이런 불합리한 정책에 의사 표현을 해야 한다. 그렇지 않으면 앞으로 일본 사회는 점점 더 고령자에게 팍팍한, 살기 어려운 곳으로 변할지도 모른다. 나이가 들었다고 무조건 뒤로 물러나 기다리고 지켜보는 것은 '점잖다'라는 말로 포장할 수 있는 올바른 태도가 아니다. 오히려 시민 의식을 가지고 적극적으로 의견을 내야 한다.

60대는 내수 경제의 희망이다

요즘 '평생 현역'이라는 말이 종종 들려온다. '평생 의욕을 잃지 않고 즐겁게 일하는 사람'을 가리킨다. 나는 이 말을 빌려 60대가 여전히 소비자라는 사실을 잊지 말자고 강조하고 싶다. '평생 현역'이라는 말에는 '평생 소비자'라는 의미도 내포되어 있는 것이다.

앞에서도 잠시 말했지만 자본주의 사회에서는 손님이 왕이다. 돈을 쓰면 쓸수록 더 훌륭한 대접을 받을 수 있다. 기업이 60대 이상을 무시할 수 없는 두터운 소비층으로 인식하면 그들의 의견을 적극 반영해 필요한 서비스를 제공할 것이다.

60대가 적극적으로 돈을 쓰고 여가를 즐기며 "이런 서비스가 있으면 참 편리하겠다", "저런 상품이 나온다면 무조건 구매할 텐데"라고 목소리를 높이면 해당 상품과 서비스가 개발되고 지금까지 찾기 힘들었던 고연령층 중심 비즈니스도 활발해지지 않을까? 새로운 소비층이 부상해 내수 경제도 활발하게 돌아갈 테니 침체에 빠진 경기를 되살린다는 점에서도 반가운 일이다.

하지만 현실은 오히려 정반대에 가깝다. 앞에서 든 면허증 회수 예시를 다시 살펴보자. 최근 고령의 운전자가 일으킨 사고가 잇달아 크게 보도되며 새로운 사회 문제로 떠올랐다. 사고로 목숨을 잃거나 중상을 입은 사람들을 생각하면 진심으로 안타깝고 마음이 아프다.

그렇다고 일정 나이가 되면 일괄적으로 운전면허증을 반납하는 것이 과연 옳은 일일까? 당연히 그렇다고 획일적인 분위기가 조성되는 듯한 현재 상황에 한숨만 나온다. 그보다는 안전하게 운전할 수 있도록 자동차 구조를 개선하거나 신기술을 개발하는 것이 우선 아닐까?

이는 고령자뿐만 아니라 모두에게 유익한 일이다. 자동차 회사에서 고령 운전자를 핵심 소비층으로 인식하면 수요에 맞춰 기술을 연구하고 편리한 상품을 내놓을 것이라 확신한다. 비상자동제동장치가 장착된 '안전운전 서포트카'처럼 말이다. 엑셀과 브레이크를 혼동할 위험이 없는 차가 나오고, 안전한 자율주행 자동차까지 등장한다면 특정 연령뿐만 모두가 유용하게 사용할 수 있다. 이는 결국 사회 전체가 한 걸음 나아가는 길이다.

전 세계에서 고령화가 진행되고 있고, 일본의 고령화 속도는 다른 나라와 비교해 상당히 빠른 편이다. 일본은 고령화 사회의 문제를 직접 겪고 개선하는 선두 주자 자리에 있다. 고령자를 위한 상품과 서비스를 개발하면 당장은 일본 내수 시장에서만 팔리겠지만 머지않아 전 세계로 퍼져나갈 가능성이 충분하다. 그렇게 되면 일본이 실버산업에서 세계 시장을 선도할 것이고, 이는 침체되고 있는 일본 경제에 새로운 활력을 불어넣을 것이다.

하지만 안타깝게도 아직 일본의 기업가 중에는 그만큼 넓은 시야를 가진 사람이 없는 모양이다. 요즘은 택시만 타도 '디지털 전환DX, Digital Transformation'을 해야 한다는 광고가 흘러나온다. 모두가 대세에 휩쓸리듯 온통 디지털에만 정신이 팔려 있다. 그러나 내가 보기에는 디지털 전환보다 차라리 고령층을 겨냥한 사업이 훨씬 전망이 밝다. 기업가들이 아직 깨닫지 못했을 뿐이다.

그들의 생각을 바꾸기 위해서라도 고령자가 영향력 있는 소비자라는 사실을 보여주어야 한다. 적극적으로 상품을 구매하고 서비스를 이용하자. 그리고 소비자로서 필요한 부분과 개선 사항을 당당히 요구하자.

고령자가 마음가짐을 바꾸고 적극적으로 지갑을 열면 기업들의 생각이 바뀔 것이고, 더 멀리 보면 일본 경제까지 되살릴 수 있다.

점점 쌓여만 가는
고령자의 재산

일본 국민이 소유한 개인 금융자산을 합치면 무려 2,000조 엔(약 2경 원)을 넘는다고 한다. 30년이라는 세월 동안 계속해서 불황이라고 말해왔지만, 뚜껑을 열고 속을 들여다보니 국민 1인당 평균 1,600만 엔(약 1억 6,000만 원)의 금융자산을 보유하고 있던 것이다.

문제는 이 자산의 70퍼센트를 60세 이상이 소유하고 있다는 사실이다. 심지어 그 비율은 최근 20년간 두 배로 늘었다. 60대 이상 고령자들이 이미 고액의 현금을 저축하고 있으면서 계속 돈을 모으려는 경향이 매년 더 심화되고 있다는 뜻이다.

이와 관련해 앞으로 일본 국민이 보유한 금융자산이 어떻게 변화할지 예측한 흥미로운 자료가 있으니 잠시 살펴보자.

일본 유수의 종합 싱크탱크 다이와종합연구소大和総研에서는 지난 2021년 9월에 「향후 10년간의 가계 금융자산 분포가 차세대 금융업에 미칠 영향」이라는 보고서를 발표했다. 다음은 그 보고서에 수록된 표다.

이 표는 일본 국민이 보유한 금융자산 총액을 연령을 기준으로 2019년 수치(일본 총무성에서 실시한 전국 가계 구조 조사 결과)와 2025년, 2030년의 예상치로 나누어 보여준다.

전문가들은 2025년을 예의주시하고 있다. 1947년부터 1949년 사이에 태어난 일본의 단카이 세대가 모두 75세 이상의 후기 고령자에 들어서는 해로 여러 사회 문

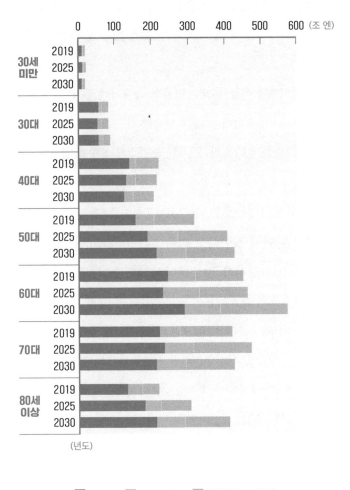

〈연령별 가계 금융자산 분포도〉

| | | 예금 | 유가증권 | 기타(생명보험 등) |

제와 부작용이 발생할 수 있기 때문이다. 또한 2030년에는 해당 세대가 모두 80대가 된다.

보고서는 다음의 세 가지를 중요한 흐름으로 지적했다.

1. 만 75세 이상 후기 고령자의 금융자산 증가
2. 단카이 주니어 세대의 영향력 상승
3. 저출산의 지속과 청년층, 중년층의 영향력 감소

다이와종합연구소는 앞으로 고령자들의 개인 금융자산이 더 늘어날 것이라고 예측했다. 여전히 예금에 손을 대지 않는 고령자가 많을뿐더러 심지어 생활비를 아껴서 노년에도 꾸준히 저축하려는 사람이 있기 때문이다.

나는 애당초 지난 2019년 금융청 심의회에서 발표한 '노후 자금으로는 2,000만 엔이 필요하다'라는 기준이 현실을 반영하지 못한다고 생각한다. 이 수치를 간단히 설명하면 60대 초중반 부부가 일을 하지 않으며 앞으로 30년간 더 산다고 할 때 매달 5만 5,000엔(약 55만 원)씩 적자가 생긴다는 가정하에 계산한 금액이다. '5만 5,000엔×12개월×30년 = 1,980만 엔'이라는 수식을 통해 대략 2,000만 엔(약 2억 원)이라는 숫자가 나온 것이다.

하지만 이는 그야말로 현실을 고려하지 않은 탁상공론이다. 60대를 지나 70대, 80대, 90대로 점점 나이를 먹어가면 생활비도 조금씩 줄어든다. 애당초 60대에 은퇴해 90대까지 30년 동안 젊은 시절과 같은 수준으로 지출한다는 가정부터가 잘못됐다. 그러니 '노후 자금으로는 2,000만 엔이 필요하다'라는 말만 믿고서 미리 걱정하고 불안해할 필요는 전혀 없다.

다 쓰지도 못할 돈을
모으다니

앞서 살펴본 표에 따르면 2030년에 80세 이상의 금융자산은 400조 엔(약 4000조 원)을 넘길 것으로 보인다. 2019년과 비교했을 때 80대의 금융자산 증가율이 가장 높았고, 다른 세대와의 차이도 압도적이었다.

여기에서 진지하게 고려해야 할 사항이 있다. 바로 평균 수명이다. 2020년 인구조사 결과 일본인의 평균 수명은 남성 81.64세, 여성 87.74세다(2024년 기준 한국인 평균 수명은 남성 86.3세, 여성 90.7세다).

냉정하게 말하면 80대까지 한 푼 두 푼 아껴가며 돈을 모으다가 전부 쓰지도 못하고 세상을 떠날 수도 있다는 뜻이다. 하지만 노인들은 그런 생각은 하지 못하는 것인지, 하지 않는 것인지 재산을 그저 지키고 늘리려고만 한다. 돈을 많이 남길수록 행복해진다는 착각에라도 빠진 것처럼 말이다. 그래서 경제관념에 대한 마인드 리셋이 필요한 것이다.

30대와 40대에는 생활비와 양육비, 자녀 교육비가 들고 경우에 따라 대출금도 갚아야 하니 돈이 많이 필요하다. 하지만 70대쯤 되면 대부분 자식은 다 자라서 독립하고, 남은 대출금도 거의 없다. 식비와 공과금 등 생활비가 들지만 고령자 한 사람이나 고령의 부부에게는 그렇게 많은 돈이 필요하지 않다. 정년까지 직장생활을 했다면 퇴직연금만으로 생활할 수 있을 정도다.

물론 퇴직연금 없이 기초연금만 받는다면 부족할 수도 있다. 그런 경우에는 모아둔 돈을 써야겠지만, 아마 대부분의 일본인들은 노후나 예상치 못한 사태에 대비해 젊을 때부터 따로 마련해둔 대책이 있어 그 돈을 쓰지 않아도 충분할 것이다. 국민연금 외에 별도의 연금보험에 가입했거나, 자영업자라면 소규모 기업 공제에 가입했을 수도 있다. 국민적 불안감이 높은 만큼 모두 어느 정도 노후 대비를 해두었을 것이다.

이렇게 각종 연금으로 생활비를 충당할 수 있다면 열심히 모아둔 금융자산은 인생을 풍요롭게 해주는 취미와 여가에 써도 되지 않을까?

나이가 들수록 평균 수명뿐만 아니라 건강 수명도 고려해야 한다. 건강 수명이란 생활에 지장이 생기지 않을 정도의 건강을 유지하는 평균 나이를 뜻한다. 2019년 조사 결과 남성 72.68세, 여성 75.38세였다(같은 해 한국인의 건강수명은 남성 71.3세, 여성 74.7세였다).

물론 개인차가 꽤 크기는 하지만 현실적으로 나이가 들면 노는 일도 힘에 부친다. 몸 걱정 없이 마음껏 놀 수 있는 나이는 70대 초반까지다. 80대에 들어서 '아뿔싸, 돈도 다 못 썼는데!'라고 후회해봤자 이미 버스는 떠난 뒤다. 나이가 들수록 자유롭게 활동하며 의미 있는 일에 돈을 쓰기가 힘들다. 아끼고 아끼다 결국 원하지도 않던 일에 재산을 탕진하고 후회하는 사람도 있다.

그러니 더 늦기 전에 즐거움과 좋아하는 일을 찾아 돈을 쓰자. 자동차를 좋아한다면 퇴직금을 몽땅 털어 고급 스포츠카를 사면 어떨까? 지난 몇십 년간 누구보다 성실히 일했으니 60대부터는 신나게 드라이브를 즐기자.

돈을 좀 쓰더라도 하고 싶은 일을 마음껏 하는 사람과 통장에 큰돈을 쌓아둔 채 계속해서 아끼기만 하는 사람, 시간이 흐를수록 삶의 만족도는 비교할 수 없을 정도로 벌어질 것이다.

마음껏 돈을 쓰기 위해 일하라

정년퇴직 후에도 일을 하는 것이 좋다. 나는 노인정신의학 전문의로서 고령의 환자들에게 건강을 유지하기 위해 일을 계속하라고 조언한다.

일과 건강의 상관관계는 뒤에서 다시 살펴보기로 하고, 여기서는 먼저 일이 주는 안정감과 경제적 여유에 대해 이야기해보자. 직장인으로서 일하는 것과 은퇴 후에 일하는 것의 목적은 조금 다르다.

물론 연금으로 생활비가 충당된다면 억지로 힘든 일을 할 필요는 없다. 다만 일을 하지 않으면 소비도 하지 못하는 고령자가 많다는 점이 문제다. 수입이 없는 상태에서 돈을 쓰면 쌓아둔 자산이 줄어들기만 하니 어쩔 수 없이 불안해진다. 그리고 '일하지 않는 자, 먹지도 말라'라는 사고방식이 이미 깊이 박혀 있어 대부분의 은퇴자들은 수입 없이 소비만 하는 것에 죄책감을 느낀다. 불안감과 죄책감을 떨쳐버리는 것이 최선이지만 그게 어렵다면 일을 해서 돈을 버는 것도 방법이다.

찾아보면 60대 이상이 갈 만한 일자리가 꽤 있다. 예를 들어 요양보호사는 요즘도 늘 일손이 부족하다. 일본 후생노동성의 추산에 따르면 2025년에는 약 243만 명의 요양보호 전문 인력이 필요한데 2019년 기준으로 예측해보면 32만 명 정도가 부족할 것이라고 한다. 물론 요양보호사가 되기 위해서는 해당 업무 지식을 익혀야 하고 직종에 따라서 자격증도 필요하지만, 인력 부족에 허덕이는 업계라 비교적 쉽게 일자리를 얻을 수 있다.

사실 요양보호사가 부족한 이유는 처우가 좋지 못해서다. 요양보호사의 연봉은 대부분 300만 엔(약 3,000만 원)에도 못 미친다. 한창 일해서 돈을 모아야 하는 젊은 이에게는 너무 적다. 그러나 이미 자식을 다 키우고 대출금을 갚은 고령자에게는 이야기가 달라진다. 그 수입을 그대로 용돈으로 쓸 수 있다.

게다가 돈을 번다는 사실 자체가 안정감과 자신감을 준다. 자산이 줄어든다는 걱정과 죄책감이 사라지고, 적극적으로 소비를 할 수 있는 심리적 여유도 생긴다.

점심 식사는 밖에서

지금은 은퇴한 사람들도 젊었을 때는 대부분 직장 근처 음식점이나 구내식당에서 점심을 먹었다. 적어도 남성들은 거의 그랬을 것이다. 사무직이든 영업직이든 현장직이든, 점심시간이 다가오면 "오늘은 무엇을 먹을까?" 하는 고민에 빠진다.

직장인들은 40년, 어쩌면 그보다 오랜 시간 매일 점심 메뉴를 고민해왔다. 그러다 은퇴를 하고 나면 갑자기 점심을 집에서 먹게 된다. 들어보면 이유도 가지각색이다. 식사를 하러 굳이 나가기도 귀찮고, 일을 하지 않는데 점심값을 쓰는 것도 내키지 않아서다. 그냥 집에 만들어둔 밑반찬으로 때우는 게 편하다는 사람도 많다.

나는 오히려 은퇴 후에 식비를 아끼지 말고 더 적극적으로 나가서 외식을 해야 한다고 생각한다. 외식이 꾸준히 외출하는 습관으로 이어지기 때문이다.

점심시간에 오늘은 무엇을 먹을까 생각하며 일단 집을 나서면 다양한 음식점이 눈에 들어온다. '이 식당 라멘을 먹은 지도 한참 됐네', '여기 돈가츠는 생각보다 맛있었지', '오랜만에 파스타를 먹을까?'와 같은 생각을 하며 번화가를 걷다 보면 어느새 입가에 미소가 번진다. 집 근처는 운동 삼아 걷기에도 적당한 거리고, 걸으면 배가 고파져서 슬슬 입맛이 돈다.

또한 낮에 동네를 걷다 보면 종종 새로운 사실을 발견하기도 한다. 밤에는 네온사인이 번쩍이고 정신없던 거리도 낮에는 전혀 색다른 느낌을 준다. 온통 술집만 있는

줄 알았던 골목가에서 우연히 나만의 맛집을 발견하는 행운이 따르기도 한다.

점심을 밖에서 먹으면 일상의 반경이 훨씬 넓어진다. 나온 김에 서점에 들러 잡지를 사거나 유명한 카페에 가 볼 수도 있다. 집 밖으로 나오면 무엇을 하든 확실히 기분 전환이 된다. 그날 기분에 따라 먹고 싶은 메뉴를 고르는 작은 사치도 충분히 누리자.

외식을 하면 메뉴의 선택지도 확 넓어진다. 입맛이 없어 특별히 먹고 싶은 게 없어도 점심 때 집을 나서 길을 걸으며 식당 간판을 훑어보면 식욕이 생길 수 있다. 하이라이스를 먹은 지 오래되었다는 생각이 들거나, 문득 만두가 먹고 싶어져 자연스럽게 그날의 메뉴가 정해지기도 한다.

간혹 TV 드라마에서 부부가 대화하는 모습을 보면 매번 패턴이 비슷하다. 저녁 메뉴를 고민하던 아내가 남편에게 "먹고 싶은 거 있어?"라고 묻고, 남편은 매번 "음, 특별히 없는데" 또는 "아무거나"라고 답하는 식이다. 아내를 배려하는 마음에서 나온 대답이라면 정말 좋겠지만, 안타깝게도 나이가 들수록 먹고 싶은 음식이 잘 떠오르지 않는 경우가 많다. 입맛도, 식욕도 점점 줄어든다.

늘 아내가 차려주는 대로, 아니면 냉장고에 있는 밑반찬을 꺼내서 대충 때우다 보면 그저 살기 위해 어쩔 수 없이 먹게 된다. 그러니 갑자기 먹고 싶은 메뉴를 물어도 쉽게 대답이 나올 리가 없다.

먹는 행위는 80세에도, 90세에도, 심지어 100세가 되어도 살아 있는 한 계속 누릴 수 있는 즐거움이다. 머릿속에 먹고 싶은 음식이 차례차례 떠오르고 식사 때마다 배에서 꼬르륵 소리가 난다면 당신이 그만큼 건강하다는 증거다.

점심을 먹으러 외출하면 식욕이 자극되고, 이 자극은 뇌를 활발하게 한다. 한동안 먹지 않았던 음식이나 예전에 즐겨 먹던 음식을 먹으러 가는 것은 일상의 소소한 재미가 된다. 머릿속에 먹고 싶은 음식이 마구마구 떠오른다고 생각해보라. 생각만 해도 행복해지고 설레지 않는가?

이렇듯 점심 외식만으로도 꽁꽁 묶여 있던 당신의 욕구를 해방시키고 삶의 활력을 찾을 수 있다. 여기에 돈을 쓰는 일을 어찌 낭비라고 하겠는가.

고독한 미식가는
외롭지 않다

꼬불 TV나 온라인 동영상 서비스를 통해 해외에서도 큰 인기를 끈 일본 드라마《고독한 미식가》는 중년 남성이 다양한 지역으로 출장을 다니다가 그 지역 음식점에서 점심을 먹는 이야기다.

배우 마츠시게 유타카가 연기하는 주인공은 인테리어 관련 수입 잡화상으로, 일하다가 배가 고파지면 눈에 띄는 식당에 들어간다. 특별한 메뉴나 고급스러운 요리를 먹는 것은 아니다. 특별히 스토리랄 것도 없다. 메뉴를 보고 음식을 주문한 다음, 음식이 나오면 그저 조용히 먹을 뿐이다.

이 드라마에서 점심을 먹고 난 주인공은 늘 만족스러운 표정으로 행복해한다. 식욕도 왕성해서 매번 그릇을 싹 비운다. 그 모습을 보다가 문득 이런 생각이 들었다. '언젠가 혼자가 되더라도 먹는 즐거움을 즐겨야겠다!'

젊은 시절 나는 혼밥을 하기가 왠지 민망했다. 혼자 돌아다니다가 들어가보고 싶은 식당이나 먹고 싶은 메뉴를 발견해도 '다음에 누군가와 같이 와야지'라고 생각하며 일단 돌아서곤 했다. 배가 고파도 혼자서는 음식점에 가지 않고 집으로 돌아가 밥을 먹었다.

그러나 나이가 든 요즘은 지나가다가 괜찮아 보이는 식당을 발견하거나 배가 고프면 주저하지 않고 바로 문을 열고 들어간다. 동행이 있다고 해도, 예를 들어 친한 친구와 함께 간다고 해도 어차피 음식을 주문해서 먹는 사람은 나다. 맛에 만족하고 기뻐하는 것도 나 자신이다. 그렇다면 혼자 먹지 않을 이유가 무엇인가? 이렇게 생각하니 혼밥을 즐길 용기가 생겼다.

《고독한 미식가》 이야기를 꺼낸 이유는 아무리 사이 좋은 부부도 언젠가는 사별하고 혼자 남기 때문이다. 나이가 들수록 혼자서 식사 즐기는 법을 익혀두어야 한다. 그러니 지금부터 배우자와 또는 친구와 함께 외식하는 습관을 들이자. 외식이 습관이 되면 더 나이가 들어 언젠가 혼자가 되어도 편안하게 음식점을 찾아 즐겁게 식사할 수 있을 것이다.

노년의 식습관은 아주 중요하다. 평소 요리를 즐겨하던 사람도 함께 식사할 가족이 없으면 있는 재료로 대충

끼니만 때우게 된다. 하물며 평소 요리를 좋아하지 않던 사람이라면 말할 것도 없다. 노년에 홀로 사는 사람은 식단이 점점 부실해지고 영양 실조에 걸리기 쉽다. 때문에 점심을 먹으러 외출하는 습관을 들여놓으면 혼자서도 자연스럽게 식사를 즐길 수 있다. 산책과 기분 전환, 건강은 덤이다.

점심 외식과 혼밥은 외로움에 빠지지 않고 즐겁게 노년을 보내는 현명한 방법 중 하나다.

먹고 죽은 귀신이 때깔도 곱다고

아무리 외식을 자주 하고 좋아하는 음식을 드시라고 권해도 "식단 관리를 해야 한다"라며 거부하는 고령자가 많다. 콜레스테롤이나 혈압, 요산 수치가 걱정이라 먹고 싶어도 참아야 한단다.

심각한 질병이라도 앓고 있다면 당연히 먹는 것에 신경 쓰고 식단 조절도 해야 한다. 그러나 콜레스테롤 수치가 조금 높다고 당장 체중 관리에 들어갈 필요는 없다. 크게 양보해서 60대까지는 그렇다고 쳐도, 70대부터는 그럴 필요가 없다. 물론 폭음과 폭식은 건강을 해치지만 양만 잘 조절한다면 괜찮다. 좋아하는 음식과 곁들이는 반주쯤은 즐겨도 된다는 뜻이다.

나이가 들수록 신경 써야 하는 문제는 '식욕'이다. 식욕은 삶에 대한 의지와 긴밀히 연결되기 때문이다. 건강을 크게 해치지 않는 선에서는 식욕을 일부러 떨어뜨리는 행동은 옳지 않다. 요즘 대부분의 고령자들이 일부러 가볍고 간단하게 먹는데, 그 결과 영양분을 충분히 고루 섭취하지 못하는 경우도 많아졌다. 일본 고령자들의 영양 부족 실태는 3장에서 다시 살펴보겠다.

60세를 기준으로 봤을 때 100세까지 산다고 하면 남은 시간은 40년 정도다. 남은 시간을 어떻게 보낼지 생각해보자. 선택지는 두 가지다. 먹고 싶은 음식을 참으며 혈압과 콜레스테롤 수치를 철저히 관리하는 긴 인생과 수명이 조금 줄어들더라도 먹고 싶은 것을 마음껏 먹고 인생의 재미를 느끼며 사는 인생. 당신은 둘 중 어느 삶을 선택할 것인가?

노후 대비는
사회보험과 연금으로

앞에서 건강 수명을 언급하며 설명했듯이 대부분 80대가 되면 몸이 많이 노쇠한다. 외출하는 일도, 식사량도 줄어드니 생활비는 전보다 적게 든다. 큰 병에 걸리지 않는 한 자연스럽게 지출이 줄어들게 된다. 그렇다면 병에 걸리거나 돌봄이 필요해졌을 때 발생하는 비용은 어떨까?

여기서 일본 개호보험 체계를 살펴보자. 일본에서는 65세가 되면 관할 지역 행정기관에서 '개호보험 피보험자증'을 발급해준다. 다만, 이 증서는 지금까지 보험료를 납부했다는 사실을 증명할 뿐이다. 증명서가 있다고 바로 요양 서비스를 받을 수 있는 것은 아니다.

몸이 안 좋아져 돌봄이 필요해지면 본인이나 가족이 증서를 들고 관할 관청에 가서 신청하면 된다. 신청이 접수되면 심사관이 나와 조사를 진행하고, 주치의에게 의견서를 받아 지원이나 돌봄이 필요한 상태인지 판단한다. 이때 '케어 매니저'가 옆에서 전체 과정을 도와준다.

지원이 필요한 상태라고 인정받으면 휠체어나 환자용 침대를 대여할 수 있고, 낮 동안 돌봄을 제공하는 '데이케어 서비스'나 단기간 요양 시설에 입소하는 '쇼트스테이 서비스'를 이용할 수 있다. 그뿐만 아니라 고령자가 살기 편하게 집을 개조하는 비용도 지원해준다. 10~30퍼센트의 자기 부담금만 내면 나머지 70~90퍼센트는 지금까지 납부한 보험료를 고려해 각 지자체에서 보조해주는 것이다.

생각보다 사회보험으로 보장되는 범위가 넓다. 그러니 개호보험에서 인정하는 요양 등급을 받으면 경제적인 걱정은 하지 않아도 되는 것이다. 몸이 쇠약해질수록 지출 자체가 줄어들고 돌봄에 필요한 부수적인 비용은 연금으로 충당할 수 있기 때문이다.

80세가 되기 전에
가진 돈을 모두 써라

 70대가 되면 대부분 은퇴하고 연금을 받으며

생활하게 된다. 많은 사람들이 이때에 대비해 퇴직금을 통째로 은행에 넣고 노후 자금으로 묶어둔다. 하지만 말이 노후 자금이지 대부분은 노후에도 그 돈에 일절 손을 대지 않고 계속해서 절약하며 산다.

2023년 기준, 일본에서는 국민연금(누구나 신청할 수 있는 기초연금)으로 최대 월 6만 6,250엔(약 66만 원)이 지급된다. 여기에 직장을 다녀 후생연금(국민연금에 더해 직장인이 받을 수 있는 공적연금)과 기업연금(직원 퇴직 후 기업이 지급하는 퇴직연금)까지 받으면 월 수령액은 30만 엔(약 300만 원) 가까이 된다. 이 정도 금액이라면 충분히 생활을 꾸려나갈 수 있다.

그렇다면 노후 자금으로 묶어둔 돈은 꺼내서 사치를 부려도 괜찮지 않을까? 돈을 좀 쓴다고 큰일 나지 않는다. 2000년부터 개호보험도 생겼으니 요양 시설 입소 비용에 대한 부담도 전보다 줄었다. 설령 중증 치매에 걸려도 국공립 시설에 들어가면 큰돈이 들지 않으니, 모아놓은 돈은 건강하게 몸을 움직일 수 있을 때 모두 써야 한다. 그렇지 않으면 고생하며 모은 돈을 써보지도 못하고 삶을 마감하게 될 수도 있다.

자본주의 사회에서는 돈을 쓸수록 행복해지고 대우를 받는 것이 자명한 사실이다. 남의 인정을 위해서뿐만 아니라 스스로의 행복과 건강을 위해서라도 돈을 쓰는 것이 좋다. 여행, 맛집 탐방, 운동, 사교 활동에 돈을 쓰고 시간을 보내면 노화도 더뎌지고 행복해진다. 손주에게 용돈을 주거나 대출 이자로 힘들어하는 자식에게 도움을 주면 그들은 당신의 존재를 새삼 고맙고 소중히 여기게 될 것이다.

노후가 불안하다며 지갑을 닫고 꼭꼭 감춰둘 필요는 없다. 그렇게 아끼고 아껴서 도대체 언제 풍족해질 것인지 궁금하다. 더 나이 들기 전에 경제관념을 바꾸고 스스로를 위해 돈을 쓰자. 가진 재산을 현명하게 쓰며 즐기는 것도 행복한 노년을 보내는 비법이다.

삶을 끝까지 책임져줄
집과 주택연금

 물론 모든 이가 국민연금, 후생연금, 기업연

금만으로 풍족하게 생활하지는 못한다. 각자의 사정을 예로 들며 목돈으로 묶어둔 노후 자금에는 되도록 손대고 싶지 않다고 반론을 제기하는 사람도 있을 것이다. 그렇다고 해도 만약 집을 소유하고 있다면 여유를 가져도 된다.

일본 국토교통성에서 발표한 「2021년도 주택시장동향 조사보고서」에 따르면 생애 처음으로 집을 구매하는 나이는 30대가 가장 많았고, 다시 집을 사는 나이는 60대 이상이 많았다. 아마 이 책을 읽는 대부분의 독자들도 30대에 처음 집을 샀을 것이다. 아파트든 주택이든, 결혼하고 아이가 태어나면 가족들과 편안하게 머무르기 위해 내 집 마련을 하게 된다. 때에 따라 공간 분리도 필요해서 방이 서너 개쯤 되는 집으로 옮기게 된다.

자녀를 키우며 살 때는 당연히 넓은 집이 필요하다. 그러나 자식들이 다 자라 독립하고 부부만 남으면 집이 너무나 넓게 느껴진다. 은퇴해서 시간이 많다 해도 네 개나 되는 방을 모두 청소하기는 힘에 부치고, 사용하지 않는다고 내버려두면 먼지가 쌓여 관리하기가 어렵다.

자녀들을 독립시킨 노부부는 단출하고 작은 집으로

옮기는 것이 적절하다. 반면 갓 결혼해서 아이를 낳아 기르는 젊은 부부는 넓은 집을 원한다. 그렇다면 서로 바꿀 수 있다면 좋은 해결책이 될 것이다. 60대는 주택을 팔아 노후 자금을 마련하고 30대는 넓은 집을 적당한 가격에 살 수 있다.

물론 오랜 시간 살며 정든 집을 떠나고 싶지 않은 사람도 있을 것이다. 이 경우 부동산을 담보로 노후 생활비를 빌려주는 주택연금Reverse mortgage에 가입하는 것도 방법이다. 주택연금 제도를 활용하면 주택담보대출과 마찬가지로 자기 집에 살면서, 일시금 혹은 연금 형태로 돈을 수령할 수 있다. 계약자가 사망하면 그동안 받은 돈은 일시불로 상환하거나 집을 매각하는 형태로 정산하면 된다.

일본에는 아직 주택연금 제도를 이용하는 사람이 많지 않지만 해외에는 기초연금을 받으며 주택연금까지 들어 여유 자금을 확보하는 사람이 많다. 주택연금을 이용하면 남은 평생을 자기 집에서 편안하게 살면서 매달 안정적으로 돈을 받을 수 있다. 그러니 자가를 소유한 사람에게는 또 하나의 유용한 노후 대책이 있는 셈이다.

경제관념 바꾸기

○ 나이가 들수록 돈을 쓰기도 쉽지 않다.
  돈은 쓸 수 있을 때 후회 없이 써야 한다.

○ 마음이 풍족해지고 행복해지는 일에 소비하라.

○ 남은 삶은 지나온 삶보다 길지 않다.
  더 이상 아끼지 않아도 괜찮다.

○ 불안하다면 일자리를 찾아 조금씩이라도 벌며 써라.

○ 60대는 소비 시장의 떠오르는 주역이다.
  원하는 것을 적극적으로 찾아 구매하고,
  필요한 상품과 서비스를 당당히 요구하라.

○ 식비를 풍족하게 쓰고 외식을 즐겨라.
  먹고 싶은 것을 먹는 게 행복과 건강의 지름길이다.

○ 복지 제도와 각종 연금을 최대한 활용하라.

○ 집도 노후 대비의 수단이 되어줄 것이다.

2장

배우자와 자식으로부터
독립하는 방법

부모의 마음,
자식의 마음

이번 장에서는 가족과의 관계를 다루려고 한다. 먼저 자녀에 대해 이야기해보자. 60대에 접어든 독자라면 삶의 후반기를 준비하며 자녀를 향한 마음가짐을 돌아보면 좋겠다.

간혹 다 커서 성인이 된 자식을 어린아이 키우듯 보살피고 챙기는 부모가 있다. 도무지 이해하기 어려운 모습이다. 최근 일본에서는 80대에 접어든 부모가 은둔형 외톨이(히키코모리)가 되어 칩거하는 50대 자식을 돌보는 '8050 문제'가 새로운 사회 문제로 대두되고 있다. 삶의 마지막 시기에 여전히 독립하지 못한 중년 자녀를 돌보고 있다니 그야말로 비극이다.

은둔형 외톨이뿐만 아니라 혼인율 감소도 사회적 이슈다. 요즘은 결혼하지 않는 사람이 많다. '생애미혼율'

이란 50세까지 한 번도 결혼하지 않은 사람의 비율을 뜻하는데, 2020년 자료를 기준으로 일본 남성의 생애미혼율은 28.3퍼센트에 달한다. 남성 10명 중 3명은 평생 결혼하지 않고 혼자 산다는 뜻이다(한국 남성의 생애미혼율은 2015년에 10.9퍼센트였고, 2025년 20.7퍼센트, 2035년 29.3퍼센트까지 높아질 것으로 예측된다). 그러니 부모의 걱정은 점점 깊어만 간다.

물론 자립해서 독신으로 혼자 살며 부모를 잘 부양하는 사람도 있다. 문제는 부모 집에 얹혀살며 일도 하지 않고 계속해서 의존하는 사람이 많다는 사실이다. 이런 상황에 놓인 부모는 자신이 세상을 떠난 뒤에도 자식이 먹고살 수 있도록 재산을 최대한 많이 남겨야겠다고 생각하게 된다. 늙을수록 돈을 풍족하게 써야 더 행복하고 건강하게 살 수 있는데, 현실에는 자식에게 재산을 남기기 위해 돈을 쓰지 못하는 사람이 의외로 많다.

한편 이와 정반대로 지금껏 키워줬으니 이제는 자식으로부터 돌봄을 받아야 한다고 생각하고 의지하려는 부모도 적지 않다. 이런 부모들은 애당초 자식과의 관계가 가까운 편이다. 아마 자식도 당연히 부모의 노후를 책임져야 한다고 생각할 것이다. 서로를 챙기는 마음은 참 아름답지만, 이는 비극의 씨앗이 될 수도 있다.

이 경우 자식은 병든 부모를 집에서 직접 돌보기 위해 생업을 포기하기도 한다. 젊을 때 한창 일해서 능력을 키우고 경제적 기반을 탄탄하게 다져야 한다는 것은 알지만 나이 든 부모를 외면할 수는 없다는 생각에 어쩔 수 없이 일을 그만두는 것이다.

심지어는 고령화가 심각해지면서 돌봄을 받아야 할 정도의 나이 많은 자식이 더 늙은 부모를 부양하는 경우도 종종 있다. 일본에서는 이렇게 돌보는 사람과 돌봄을 받는 사람이 둘 다 65세 이상인 상황을 '노노개호老老介護', 둘 다 75세 이상인 상황을 '초노노개호超老老介護'라고 한다. '노인이 노인을 돌본다'라는 뜻이다. 이런 표현이 생겨날 정도로 나이 들어서까지 부모를 돌보는 상황이 드물지 않은 것이다.

생업을 포기하고 부모를 돌보는 경우와 늙은 자식이 더 늙은 부모를 돌보는 경우 모두 종국에는 '행복'이라는 영역의 문제를 유발한다. 효심 깊은 자식이 체력적으로, 정신적으로 버티지 못하고 쓰러지거나 무너지는 경우가 생기는 것이다. 부모를 사랑하는 마음으로 시작했지만 결국 모두가 불행해지는 것이다.

자식의 인생까지
책임질 수는 없다

조금 냉정하게 들릴 수도 있지만, 부모와 자식 사이에 '너는 너, 나는 나'라고 선을 긋는 태도는 정말 중요하다. 제 자식이 사랑스럽지 않은 부모가 어디 있을까? 하지만 눈에 넣어도 아프지 않을 자식이라도 '내가 평생 먹여 살려야지', '재산을 많이 남겨줘야지'라고 의무감을 가질 필요는 없다.

또한 반대로 '노후에는 자식에게 의지하며 살아야지. 그러려면 서로 다투지 말고 잘 지내야 해'라는 생각도 고이 접어두자. 자식과 자신을 분리하지 못하면 어느새 종속당하게 된다. 서로 눈치만 보며 불편해하다가 관계가 틀어질 확률이 매우 높다.

후회 없이 살기 위해서는 자식으로부터 독립해야 한

다. 여기서 '독립'을 긍정적인 의미로 받아들이면 좋겠다. 부모는 자식에게서 독립해 오로지 본인의 행복만 추구하며 살아가야 한다. 적당히 선을 긋고 당신의 재산과 시간은 오롯이 당신의 행복을 위해 써야 한다.

자식이 일자리를 구하지 못해서 생활이 불안정하거나 우울증을 앓고 정신적으로 힘들다고 해도 절대 부모가 문제를 해결해주지는 못한다는 사실을 기억하자. 또한 그럴 필요도 없다. 이럴 땐 기본적으로 사회복지 제도의 도움을 받아야 한다. 오랜 세월 성실히 세금을 내지 않았는가? 그 세금으로 사회는 안전망을 구축해놓았다. 그러니 집안 사정이라며 자식을 위해 무리하게 희생할 필요는 없는 것이다.

안타까워하며 마음을 쓰는 것과 실제로 문제를 해결해주는 것은 별개의 일이다. '나 몰라라' 하며 자식에게 쓰는 마음까지 거둬들이라는 것이 아니다. 대신 해결해주려는 자세를 바꾸라는 것이다.

당신이 마음가짐을 바꿔야 결과적으로 자식을 자립하도록 이끌 수 있고, 훗날 나이 든 자식이 늙고 병든 당신을 돌보며 함께 불행해지는 일을 막을 수 있다.

재산을 꼭
물려줘야 할까

이 책을 읽는 당신이 60대라면 자녀는 아마 20대나 30대쯤 되었을 것이다. 그들은 경제 활동을 하고 있는가? 아직 서로 한창때니 유산 분배에 관한 이야기는 하지 않았을 듯하지만, 조금 지나면 당신도 이 문제에 대해 깊게 생각하게 될 것이다.

고령자들이 나이가 들어서도 계속 절약하는 이유 중 하나는 자식에게 재산을 물려주기 위해서다. 그 결과 막대한 자금이 시장으로 흘러나오지 못하고 금융자산으로 은행에 쌓여 있다. 뉴스를 보면 이런 상황에서도 정부는 소비세를 인상해서 늘어가는 사회보장 재원을 확보하겠다고만 한다.

나에게 그보다 참신한 아이디어가 있다. 극단적인 주장이긴 하지만, 상속세의 세율을 100퍼센트로 올리는 것은 어떤가? 고령자들이 모아놓은 재산을 사후에 전액 세금으로 거두어들이는 것이다. 이렇게 하면 어떻게 될지 상상해보자.

우선 국가의 세수가 늘어나는 만큼 젊은 세대의 세금 부담이 줄어들 것이다. 또한 큰 재산을 남겨도 자식에게 가지 않을 테니 부모들도 다 써버리는 편을 택하지 않을까? 고령자들의 소비가 늘어날 것이고 자연스레 내수 경제 활성화도 기대할 수 있을 것이다.

요즘은 부모가 자식에게 재산을 물려주는 것이 당연한 일로 여겨진다. 자식들도 점점 부모의 재산을 물려받는 것을 당연시하고 심지어 자신의 재산처럼 인식하는 것 같다. 그러다 보니 부모의 생활에 자녀가 깊이 관여하는 경우도 종종 보인다. 자신이 받을 유산이 줄어들까 봐 부모의 이혼이나 재혼에 반대하는 식이다. 과연 이런 세태가 괜찮은가?

부의 대물림은 사회적으로 결코 긍정적인 현상이 아니다. 또한 재산 때문에 노년에 자식들의 반대에 부딪쳐 자신의 뜻대로 살지 못하는 것은 그야말로 '부자들의 역설'이다.

자식에게 재산을 물려주어야 한다는 고정관념을 깨자. 자녀들과 눈치싸움을 할 바에는 차라리 유산 물려주는 문화가 사라지는 편이 낫지 않은가?

유산이 가져오는
문제들

상속세율을 100퍼센트로 올리자는 생각을 하게 된 것은 유산이 가져오는 문제가 심각하다는 데 있다. 이를테면 '성년후견인 제도'에 대해서 살펴보자. 성년후견인 제도란 치매 같은 정신질환으로 판단력이 뚜렷하지 않은 고령자를 대신해 후견인이 재산을 관리할 수 있게 하는 제도를 말한다. 판단력이 흐려진 노인이 실수로 고위험 금융 상품에 가입하거나 사기 당하는 일을 막기 위해서 만들어졌다. 일본에서는 2000년에 성년후견인 제도가 도입된 후 이용자가 계속 늘어 2020년의 해당 제도 신청자는 약 23만 2,000명에 달했다.

그렇다면 후견인은 어떻게 정해질까? 고령자가 인지 능력을 잃기 전에 직접 후견인을 지정하는 '임의후견'과 인지 능력이 떨어졌다고 인정된 후에 가정법원에서 후견인을 지정하는 '법정후견'으로 나누어진다. 통상적으로 대상자의 친족 중에서 후견인이 정해진다.

제도의 취지는 좋지만, 금전적인 부분이기에 예상치

못한 문제가 생기기도 한다. 후견인이 고령자의 재산을 지켜주기는커녕 제 돈처럼 써버렸다가 발각되는 경우도 종종 있는 것이다. 물론 돈을 쓴 사람의 잘못이지만, 따지고 들어가면 재산이 있기에 생기는 불상사로 볼 수 있다. 평생 열심히 모아서 남 좋은 일만 시키는 셈이다.

상속 분쟁도 큰 문제다. 뉴스와 기사를 보면 자식들이 돌아가신 부모의 유산을 두고 심하게 다퉈 법원까지 갔다는 소식이 심심찮게 들려온다. 돈이 사람 사이를 갈라 놓고 불행하게 하는 경우가 얼마나 많은가?

부모는 자신의 장례식을 성대하게 치르고 묘지나 추모 공간을 정성스럽게 꾸며 오래 기억해달라는 뜻에서, 그리고 자식들이 조금이라도 편안하길 바라는 마음에 재산을 남겼을 것이다. 하지만 사후의 일은 고인의 뜻대로 되지 않는 경우가 대부분이다. 이런데도 과연 재산을 남기는 것이 현명한 선택일까?

묘지를 마련하는 일도 한 번쯤 다시 생각해볼 필요가 있다. 일본은 저출산 사회로 접어든 지 오래다. 세대를 거듭할수록 아이를 낳지 않는 부부가 점점 늘고 있다. 지금 추세로는 앞으로 50년, 100년 후에 나의 후손이 남아 있을지 확신하기 어렵다. 내가 죽고, 나의 자식과 손주가 세상을 떠나면 나를 기억할 사람은 거의 없을 것이다. 그렇다면 과연 묘소를 꾸미는 것이 중요할까? 시간이 흐르면 무연고 묘지가 될 확률이 높은데도? 묘지를 꾸미겠다고 큰돈을 남기는 것은 부조리한 선택처럼 보인다.

차라리 모교나 고향의 발전을 위해 재산을 기부하거나 나의 이름을 딴 장학 기금을 설립하는 편이 어떤가? 어쩌면 이것이 꼭 필요한 이에게 자본을 환원하고 더 많은 사람에게 오래 기억되는 의미 있는 일인지도 모른다. 이런 방향의 유산 활용도 한 번쯤 생각해보자.

자식 말고
요양보호사의 돌봄을 받아라

나이가 들수록 누구나 삶과 죽음을 생각하게 된다. 영원히 살 수 없다는 사실을 깨닫고, 언젠가 타인의 돌봄이 필요할 때가 올 것임을 인지하게 된다. 그리고 그때 생면부지의 남보다는 오랜 시간을 함께한 자식이 돌봐주기를 바란다.

자식이 부모를 돌보는 일이 항상 아름답고 따뜻한 결말로 이어지는 것은 아니라는 점을 알아야 한다. 불안한 마음에 "임종 때까지 나를 부양하는 자식에게 모든 유산을 상속하겠다"라고 말하며 조건을 거는 사람도 있지만, 애당초 자식이 부모를 돌보고 부양하는 이유는 재산을 받기 위해서가 아니라 자식 된 도리와 애정, 효심 때문이 아닐까?

게다가 현행법상 부모를 부양하든 그러지 않든 형제자매가 갖는 상속 권리는 똑같다. 부모가 특정 자녀에게 재산을 모두 상속하겠다는 정식 유언장을 남기더라도 다른 자식이 법적으로 유류분을 청구할 수 있는 것이다. 실제로 형제자매가 유언 무효 확인 소송을 제기하고 법정에서 다투는 일도 비일비재하다.

그러니 노후에 자식에게 부양받고 재산을 물려주고자 했다면 그 생각은 그만두고 차라리 전일제 요양보호사를 고용하자. 재산 사정이야 각자 다르겠지만 자식에게 남겨줄 정도로 유산을 모았다면 전문 요양보호사의 서비스를 받으며 비용을 지급하는 편이 모두에게 더 합리적이다. 자식에게는 보살핌을 받을 생각도, 유산을 남길 생각도 하지 말자.

또한 요즘은 수명이 워낙 길어져서 배우자와 사별하거나 뒤늦게 이혼을 해서 혼자가 되더라도 다시 새 인연을 만날 가능성이 열려 있다. 시대와 문화가 바뀌어 젊은 사람들도 노년에 접어든 부모의 재혼에 큰 거부감을 느끼지 않고 대부분 기쁜 마음으로 축복해준다.

한편 이럴 때 부모가 큰 재산을 보유하고 있으면 상황이 달라진다. 자녀들이 아버지나 어머니의 새 배우자를 보고 "재산을 노리고 접근한 사람 아니냐", "저 사람과 재혼하면 불행해질지도 모른다"라며 반대하는 것이다. 나도 주변에서 자식들로 인해 재혼을 포기하는 사람을 여럿 보았다. 행복하게 두 번째 인생을 시작하려고 하지만 결국 자식들의 간섭과 등쌀에 포기하는 것이다.

전 세계를 누비며 수많은 여성과 염문을 뿌리고 다녔던 그리스의 선박왕 아리스토텔레스 오나시스Aristotle Onassis의 이름을 들어본 적이 있는가? 서양에는 이렇게 노년에도 자식 눈치를 보지 않고 당당하게 사랑하고 재혼하는 사람이 많다.

자식과 연이 끊기는 것이 두려워 새로운 사람을 만나지 못하겠다거나, 죽을 때까지 자식과 함께 살겠다는 생각과 큰 재산을 물려주어야 한다는 생각은 고이 접어 버리자. 부모와 자식이 각자의 앞길을 선택하고 서로의 자율성을 인정하는 것이 바람직한 방향이다.

때때로 자녀에게
기대도 괜찮다

지금까지 살펴본 사례와 정반대로, 자식에게 절대 의지하지 않으려고 하는 부모도 있다. 고령의 부모가 몸이 아픈데도 자식들에게 말하지 않고, 돈을 아끼려고 요양원에도 들어가지 않으며 버티다가 결국 고독사하는 마음 아픈 경우도 가끔 보인다.

독자들에게 한 가지 묻고 싶다. 치매에 걸리거나 노환이 와서 거동이 힘들어진 고령자는 어떻게 하는 것이 좋을까? 민폐가 될지도 모른다는 생각에 타인의 도움을 받지 않고 홀로 감당하는 것이 과연 옳은가? 누군가에게 도움을 받는 것이 그렇게 나쁘고 부끄러운 일인가? 전혀 그렇지 않다. 이렇게 생각한다면 당장 마음을 고쳐먹자.

'자기심리학Self Psychology'을 주창한 미국 심리학자 하인츠 코헛Heinz Kohut은 인간은 기본적으로 의존적인 생물이며, 타인에게 의지하려는 인간의 성향은 자연스러운 진화의 결과라고 주장했다. 일본 정신분석학자 도이 다케오도 서로 의지하고 기대려는 일본인 특유의 정서 '아마에甘え'를 내세우며 비슷한 주장을 했다. 그는 일본 사회 심층에 '아마에'의 구조가 깔려 있어 사람들이 건강하고 편안하게 살아갈 수 있다고 보았다.

당신이 식사 중에 맥주가 마시고 싶어졌다고 치자. 맥주병을 향해 손을 뻗어보지만 너무 멀어서 닿지 않는다. 이때 '누군가 내 잔에 맥주를 채워주면 좋겠다'라고 바라거나 '누군가 따라주겠지'라고 생각하면서 기다릴 것이다. 도이 다케오는 이런 생각과 자세야말로 생존에 필요한 태도이자 능력이라고 했다.

코헛도 다른 이에게 의존할 때는 일방적으로 도움을 받기만 하는 것이 아니며, 도움을 주는 상대방도 만족감과 자기애를 느끼기에 서로 '기브 앤 테이크' 효과를 볼 수 있다고 했다. 상호 의존 관계가 성립하는 것이다.

예를 들어 공부를 잘하는 우등생 A가 성적이 좋지 않은 B에게 자기 노트를 빌려줬다고 하자. 제삼자의 눈에는 B가 A에게 일방적으로 도움을 받은 것처럼 보이겠지만, 사실 A는 B로부터 "너는 정말 좋은 친구구나"라는 말을 듣고 만족감을 느낄지도 모른다.

누군가가 기댈 수 있도록 든든한 존재가 되는 것을 싫어할 사람은 없다. 코헛의 이론에 비춰보면 도움이 필요한 약자가 타인에게 의지하거나 신세를 지는 것은 나쁜 일이 아니다. 오히려 도움을 요청하면 상대방에게 긍정적인 감정과 유대감을 불러일으키기도 한다. 그러니 간혹 적적할 때는 자식에게 기대도 괜찮다. 오랜만에 연락해 안부를 묻는 것은 어떨까?

마음의 짐은
내려놓자

 나이 든 부모가 전혀 아픈 티를 내지 않다가

갑자기 고독사하면 자식들은 평생 부모님의 임종을 지키지 못했다는 죄책감에 시달리며 살게 될 것이다.

옛말에 '효도하려고 하니 부모님이 돌아가시고 안 계시더라'라고 했다. 하지만 요즘은 '효도하려고 하니 부모님이 노쇠해 병상에 누워 계시더라'라는 표현이 더 맞다. 그러니 힘들 때는 자식에게 적당히 기대자. 괜히 부담을 주는 것이 아니라 효도할 기회도 주고 부모와 유대감을 형성하려는 욕구도 채워줄 수 있다. 나아가 병상에 누워 있는 부모를 돌봐야 하는 짐을 지우지 않는 일이다. '호미로 막을 일을 가래로 막지' 않아야 자식들의 원망도 받지 않는다.

나이가 들수록 스스로 할 수 있는 일과 못하는 일이 나뉜다. 하기 힘든 일은 당연하게 받아들이고 도움을 요청하는 태도가 필요하다. 편안한 노년을 보내기 위해 반드시 가져야 할 마음가짐이다. 남에게 무언가를 부탁하고 도움받는 일이 어색한가? 지금까지 베푼 만큼 돌려받는 것이라고 생각해보면 어떨까? 앞서 살펴본 '기브 앤 테이크'를 떠올려보면 좋겠다.

받는 연금액이 적어서 기초생활수급자 지원금을 받는

상황이라면 젊었을 때 착실히 낸 세금을 돌려받는 중이라고 생각하자. 자식에게 의지하고 있는 상황이라면 지금까지 키워준 만큼 이 정도 소소한 도움은 받아도 괜찮다고 생각하자. 전혀 뻔뻔한 생각이 아니다.

은혜를 베풀었으니 갚으라고 생색을 내라는 말이 아니다. 마음의 짐을 내려놓고 편안하게 살아도 된다는 말이다. 심리적 여유가 생기면 주변 사람들에게 상냥해진다. 당신이 뿜어내는 긍정 에너지가 주변으로 퍼져 모두를 행복하게 할 것이다.

그러니 60세가 되면 마음가짐을 조금만 바꿔보자. 단언컨대 얻는 것은 있어도 절대 잃을 것은 없다.

황혼이혼 vs 동거형 졸혼

나이가 들면 부모와 자식의 관계뿐만 아니라 부부 사이도 점차 변화하게 된다. 지금부터는 60세 이후에 부부 관계를 잘 유지하는 법을 살펴보자.

최근 '숙년이혼熟年離婚'이라는 말을 종종 듣는다. 40대, 50대 중년을 포함해 어느 정도 연배가 있는 부부의 이혼을 뜻한다. 그러나 최근에는 숙년이혼보다 '고령이혼' 또는 '황혼이혼'이라는 표현이 현실적으로 더 적절한 듯하다. 아직 자식을 키우는 중년 부부보다 정년퇴직을 하고 연금을 받기 시작한 60대와 그 이상의 노부부가 이혼하는 일이 점점 늘고 있기 때문이다.

일본에서 황혼이혼이 늘어나는 이유는 무엇일까? 여러 이유가 있겠지만 그중 하나는 법과 제도가 개정되어 중년 부부들이 경제적으로 독립하고 각자 기반을 다지기가 쉬워졌기 때문이다.

과거에는 전업주부였던 아내가 남편과 이혼하면 연금을 받을 방법이 없었다. 그러나 이제 국민연금과 기초연금의 절반을 받을 수 있게 되었다. 이혼 후에도 생활을 꾸려갈 길이 열린 것이다. 또한 부부가 이혼하면 집을 매매하고 재산을 나누게 되는데, 최근 재산을 분할할 때 아내의 기여도를 이전보다 높게 인정하는 추세다.

게다가 60세 이상 여성이 취업할 수 있는 일자리도 확연히 많아졌다. 이렇게 사회가 변화해 이혼하더라도 먹고살 방법이 생겼으니 나이 든 부부가 더는 억지로 참으며 살 필요가 없어진 것이다.

자녀들이 독립하고 남편이 정년퇴직을 하면 신혼 초기 이후 몇십 년 만에 거의 처음으로 온전히 두 사람만의 생활이 시작된다. 전에는 서로의 일과 인간관계, 취미활동을 일부 공유하며 나머지 관심은 회사 업무, 사회생활, 자녀 교육에 쏟았지만 은퇴 후에는 갑자기 배우자와 온종일 붙어 있으며 서로의 장단점을 더 명확히 보게 된다.

함께 있는 시간이 길어지면 사사건건 부딪치고 결국 참다 못해 한쪽이 폭발하는 경우가 많다. 특히 아내 쪽이 그렇다. 전에는 하루 종일 회사에 머물던 남편이 은퇴하고 아침부터 저녁까지 집에 머물게 되자 불편해하다가 폭발하는 것이다. 이때 서로 갈등을 해소하지 못해 황혼이혼에 이르게 된다. 각자 사정은 다르겠지만 예외적인 케이스를 제외하고 은퇴한 60대 부부가 온종일 붙어 있는 상황이 좋고 편안하기는 쉽지 않아 보인다.

다른 저서에서도 언급한 적 있지만, 이럴 때 나는 우선 '동거형 졸혼'을 추천한다. 풀어 말하면 '적당히 거리를 유지하는 결혼생활'이라고 할 수 있다. 흔히 생각하는 졸혼과 비슷한 개념으로, 한 집에 살지만 서로 간섭 않고 독립적으로 생활하는 방식을 의미한다.

하루 종일 같이 있으면 그게 누구든 상대의 결점과 단점이 보이고 눈살이 찌푸려지기 마련이다. 그러니 너무 붙어 있지 말고 일부러 떨어져 있는 시간을 만들어 부부 관계를 원만하게 개선해보자는 것이다.

그렇게 살아도 갈등이 해소되지 않으면 완전히 분리되어 사는 별거로 넘어가거나 끝끝내 이혼하는 부부도 있지만, 생각보다 동거형 졸혼을 선택한 후에 원만한 관계를 오래 유지하는 사람들도 많다.

60 이후에 더 중요한
부부 궁합

서로 성격이 맞지 않아 정식으로 이혼하고 부부의 연을 완전히 끊는다고 해도 칼로 무 자르듯이 관계를 끝내기는 쉽지 않다. 결혼을 하면 대부분 자식을 낳아 기르게 되기 때문이다.

나는 자식이 성인이 되기 전에 부모가 이혼하는 일에
는 극구 반대한다. 이혼 가정에서 자란 아이는 정서적으
로 불안해질 수 있기 때문이다. 성장기 아이들은 그렇잖
아도 예민한데, 거기에 부모의 이혼까지 더해지면 상처
를 받기 쉽다.

물론 최근 미국에서 실시한 조사에 따르면 사이가 좋
지 않은 부모와 한 집에서 자란 아이보다 이혼하고 따로
사는 부모 사이를 오가며 자란 아이의 정서적 안정감이
더 높다는 결과가 나오기도 했다. 그러니 아이가 성인이
될 때까지 이혼하면 안 된다는 것은 단순히 내 편견일
수도 있겠다.

이 부분에 대해 나와 생각이 다른 사람도 많을 것이다.
하지만 자식 입장에서 생각해보자. 자식은 어떤 부모에
게서 태어날지 선택할 수가 없다. 그러니 부부가 함께 아
이를 낳은 이상, 다 자랄 때까지 보살피고 양육할 책임은
두 사람에게 있다고 생각한다. 그 책임에 아이의 행복한
유년기와 성장기도 포함되어 있다.

자녀가 자립하고 스스로 삶을 꾸려갈 때까지 부부가
책임감을 갖고 관계를 유지했다면 나이가 60대쯤 될 것

이다. 아이들도 다 자라 독립해 나가고 여유 시간이 많아지는 이 시기, 그때 부부가 함께 관계를 되돌아보며 앞으로 어떻게 지내는 것이 좋을지 판단하고 고민해보면 어떨까?

참고로 나의 어머니는 70대에 이혼을 결심하셨다. 아버지 곁에 함께 묻히고 싶지 않다는 이유에서였다.

이보다 더 현실적인 이유로 이혼을 결심하는 부부도 있다. 부부 중 한쪽의 정신이 흐려지거나 거동이 불편해졌을 때를 상상해보자. 배우자의 병간호를 할 수 있을지, 구체적으로 배우자의 기저귀를 갈아줄 수 있을지 스스로 묻고 답해보자. 이것이 너무 먼 이야기라 현실적으로 와닿지 않는다면 우선 온천이나 해외로 함께 여행을 다닐 수 있을지, 여행지에서 상대방을 얼마나 배려할 수 있을지 생각해보는 것도 방법이다.

어떤 면에서는 젊은 시절보다 60대 이후의 부부 궁합이 더 중요하다. 결혼 적령기인 20~30대에는 집을 구하는 문제, 먹고사는 문제, 아이를 낳아 키우는 문제 등 경제적 조건을 가장 우선시하게 된다. 서로 성격이 얼마나 잘 맞는지는 뒷전으로 밀린다. 그러나 퇴직 후 단둘이 생활하는 노부부에게는 성격과 성향이 얼마나 잘 맞는지가 가장 중요하다. 성격이 안 맞아 계속 부딪치면 결국 상대방과 남은 평생을 함께할 수 없다고 결론을 내리는 것이다.

나는 그런 시기에 부부 관계를 잘 마무리하고 자기 자신을 위해 두 번째 인생을 시작하는 것도 나쁘지 않다고 생각한다. 새로운 동반자를 찾아 다시 결혼하는 것도 적극 찬성이다. 다만 두 번째로 결혼할 때는 상대와 성격이 잘 맞는지를 최우선으로 고려해야 한다. 마음이 얼마나 잘 맞는지가 중요하다. '이 사람과 함께라면 여생이 즐거울 것 같아', '이 사람이라면 노년까지 함께하며 기꺼이 병간호도 할 수 있겠어'라는 생각이 들 만큼 잘 맞는지 깊이 생각해봐야 한다.

현재 우리는 인류 역사상 가장 긴 수명을 누리고 있다. 그렇다면 늘어난 인생의 길이에 맞춰 바람직한 부부상과 결혼 개념도 과거와 달라져야 하지 않을까?

주례사 단골 멘트인 '검은 머리가 파뿌리 될 때까지' 서로 아끼고 사랑한다면 더할 나위 없이 아름다운 일이다. 하지만 모든 부부가 한날한시에 죽을 수 있는 것도 아니고 살다 보면 도저히 해결할 수 없는 성격 차이를 겪기도 한다. 그러니 억지로 얽매여 살 필요는 없다. 나이가 들어서 잘 통하는 사람을 다시 만나 남은 평생을 함께하는 것, 나는 그런 노년도 나쁘지 않다고 생각한다.

아내들의 외출
그리고 남편들의 은퇴

긴 세월 부부 사이를 유지하며 아이가 성장하고 부모님 건강 문제에서도 자유로워지면 전업주부였던 아내에게 드디어 자유 시간이 생긴다. 대략 중년쯤 되었을 때다. 그때부터 아내들의 외출이 시작된다. 오며가며 만나는 동네 사람들과 삼삼오오 모여 친해지기도 하고, 어릴 적 친구나 동창들도 대부분 비슷한 인생 사이클을 거치기에 이때쯤이면 한가해져 얼굴 보기가 수월해진다. 친구들과 모여 식사하거나 여행을 다니고, 함께 무언가를 배우거나 취미 생활을 즐기기 딱 좋은 때다.

집안일은 이제 손에 익어서 언제든 내킬 때 뚝딱 해치

울 수 있고, 밖에서 저녁을 먹고 들어와도 남편도 크게 개의치 않는다. 애초에 남편은 그 시간에 집에 있지도 않다. 남편이 아침에 출근하면 아내는 아이 뒤치다꺼리를 하지 않아도 되니 편하게 하루를 보낼 수 있다.

문제는 남편이 퇴직하고 나서다. 은퇴한 남편이 집에 있게 되면 그동안 누리던 자유로운 생활도 끝난다. 이때부터 아내에게는 불만이 쌓일 수밖에 없다. 그동안 남편이 밖에서 고생하며 일해왔다는 사실은 잘 알고 고맙기도 하지만, 하루 대부분을 자신의 속도에 맞춰 살던 자유로운 생활이 무너지니 달가울 리 없다.

요즘은 옛날과 달라 가만히 앉아서 "씻게 목욕물 좀 받아줘", "저녁은 언제 먹지?" 하며 모든 일을 아내에게 명령조로 시키고 기다리는 남편은 없지만, 의외로 아내 뒤만 졸졸 따라다니는 남성이 많다. 평생 회사만 다니다가 은퇴 이후 집에서 뭐라도 하려니 낯설기 때문이다.

조리 도구가 어디에 있는지, 식기세척기나 믹서기 등 가전제품은 어떻게 사용하는지 아내에게 일일이 묻고 또 묻는다. 도저히 끝날 기미가 보이지 않는 남편의 질문에 아내는 슬슬 귀찮아지고 왜 스스로 알아보려 하지 않는지 짜증이 난다. 아이가 그러면 귀엽기라도 하지, 다 큰 '남의 아들'이 그러면 속이 터질 뿐이다.

황혼에 접어든 70대 부부라고 하면 익숙하고 안정된 관계 속에서 서로를 보듬고 아껴주는 평온한 부부가 떠오른다. 그러나 이는 어디까지나 이상적인 관념 속 부부일 뿐, 현실에는 험한 말을 주고받으며 상대를 귀찮고 불편하게 여기는 부부도 많다.

이는 인간이라면 누구나 느낄 수 있는 자연스러운 감정이다. 아내는 드디어 찾아온 삶의 여유로운 시기에 바깥에서 친구들을 만나며 사교적으로 활발하게 소통하고 싶어 하고, 남편은 아직 남자로서의 고집과 자존심이 남아 있기에 통제하고 간섭하며 집에서라도 자신의 지위를 확인하고 싶어 한다. 상반된 두 입장이 부딪치니 결국 다툼으로 이어지는 것이다.

이렇게 성향과 생활 습관이 달라진 부부가 서로를 향해 날을 세우지 않고 원만하게 지내려면 어떻게 해야 할까? 방법은 간단하다. 남편, 즉 남성이 조금 더 독립적으로, 자유롭게 살면 된다. 집에 틀어박혀 아내와 부딪치지 말고, 밖으로 나가서 새로운 사람들을 만나거나 여행을 다니며 자신만의 즐길 거리를 찾으면 된다. 은퇴 직후인 60대부터 서둘러 시작하자. 70대에도 아직 늦지 않았다.

아내는 아내대로 친구들과 돌아다니고, 남편은 남편대로 훌쩍 여행을 떠나보는 것은 어떨까? 지금의 배우자와 오랜 시간 즐거운 결혼생활을 유지하고 싶다면 인생을 각자의 방식대로 따로 즐기는 법을 배워야 한다. 어쩌면 이것이 퇴직 후의 바람직한 모습일지도 모른다.

여든 전까지는
배우자와 따로 놀아라

명색이 부부인데 왜 따로 시간을 보내야 하느냐고 반문하고 싶은 사람도 있을 것이다. 하지만 둘 중 한 명이 몸이 불편해 꼭 보호자가 동행해야 하는 경우가 아니라면 한 번쯤은 따로 여행을 가볼 것을 권한다. 남편은 남편대로, 아내는 아내대로 가고 싶었던 곳이나 하고 싶었던 일이 다를 수 있기 때문이다.

남편은 문화 유산으로 지정된 오래된 유적지에 가고

싫지만 아내는 그곳에 전혀 관심이 없는 상황이라고 가정해보자. 이럴 때 함께 가기 위해 말다툼을 벌일 필요가 없다는 것이다. 남편은 남편대로 혼자 또는 취향이 잘 맞는 동료들과 함께 유적지에 방문하자. 아내는 아내대로 친구들과 경치 좋은 곳에 놀러 가거나, 음악회, 그림 전시, 맛집 투어 등 평소에 하고 싶던 것을 즐기면 평화롭게 문제가 해결된다.

여행뿐만 아니라 여가 생활도 마찬가지다. 부부의 취향이 다르다면 둘 중 하나가 참으며 억지로 상대를 따라갈 필요가 없다. 각자 원하는 영화나 연극, 콘서트를 보러 가면 된다. 그래야 서로를 신경 쓰지 않고 더 편하게 즐길 수 있다. 남편은 화려한 액션 영화를 보고 싶고, 아내는 잔잔한 로맨스를 보고 싶다면 따로 보고 나와서 만나면 그만이다. 오히려 서로 다른 영화를 보고 이야기를 나누면 대화가 풍성해지고 기분도 색다르고 즐겁다. 처음에는 혼자 영화 보는 것이 어색하겠지만, 익숙해지면 점점 만족감이 커질 것이다.

이런 식으로 남편이 아내를 속박하지 않고, 아내가 남편을 귀찮게 여기지 않는다면 서로 얼굴을 붉히고 다툴 일도 없다. 결과적으로 마음을 터놓고 대화하는 사이좋은 부부가 될 수도 있다.

60대는 부부에게 각자 자유 시간이 생기고 몸도 건강해서 활력이 넘치는 시기다. 오래 짊어졌던 짐을 내려놓고 드디어 얻은 자유를 누리며 즐겁게 살아야 한다. 이때 부부가 붙어 다녀야 한다는 법은 없다. 이 시기를 잘 보내야 70대에도 각자 자유롭고 행복하게 살 수 있다.

그렇게 자유로이 70대를 누리다가 80대 중후반쯤 접어들면 어느 한쪽이, 아니면 둘 다 기력이 떨어진다. 그때가 되면 자연스럽게 서로 거들고 의지하며 살게 된다. 각자의 생활을 충분히 즐기고 그때부터 다시 일심동체가 되어도 결코 늦지 않다.

부부 사이에도
규칙이 필요해

일본의 유명 방송인 카미누마 에미코는 2018년 한 TV 프로그램에 나와 남편이 정년퇴직한 후에 자신이 '부원병夫源病'을 앓았다고 밝혀 화제를 모았다.

부원병이란 '남편이 원인이 되어 생기는 병'이란 뜻으로, 갱년기 환자들을 진찰해온 순환기 심장내과 전문의 이시쿠라 후미노부 박사가 처음 사용한 용어다. 아내가 퇴직한 남편 때문에 스트레스를 받고 심한 경우에는 현기증, 불면증, 가슴 두근거림, 이명, 식욕 부진에 우울감까지 느끼는 증상이다.

의학계에서는 이를 스트레스성 신경 질환으로 규정한다. 처음에는 남편의 권위적이고 거친 언행으로 인해 발병한다고 알려졌지만, 점점 남편이 불쾌한 말이나 행동을 하지 않더라도 존재 자체에 스트레스를 받아 발병하는 사람이 늘어나는 추세다.

남편 입장에서는 자신의 존재 자체가 아내의 병을 유발한다니 기가 막히고 서운할 수도 있다. 하지만 화를 내기보다는 입장을 바꿔 생각하는 것이 행복한 노년의 첫걸음이다.

부원병을 막기 위해서는 우선 부부가 무엇이든 함께 해야 한다는 의무감을 버려야 한다. 여행은 물론 일상적인 외출도 따로 하고, 각자 공간을 분리해 그곳에 머무는 동안에는 서로 방해하거나 간섭하지 않으며, 밤에도 각자의 침실에서 따로 자는 것이다. 60대 이상의 부부가 잘 지내기 위해서는 실로 다양한 노력이 필요하다.

앞에서 이혼은 하지 않되 함께 보내는 시간을 줄이고 각자 독립적으로 생활하는 형태를 동거형 졸혼이라고 했다. 동거형 졸혼을 시작하면 서로 적당한 거리를 유지해서 갈등이 생기지 않고, 정서적으로 안정을 되찾아 오히려 서로 더 존중하게 된다.

그렇다면 부부 사이 거리는 어느 정도가 적절할까? 딱 정해진 기준은 없다. 원하는 생활 방식에 관해 서로 충분히 대화를 나누고 일정한 거리를 유지할 수 있도록 규칙을 세워두면 된다. 예를 들면 다음과 같다.

1. 장보기, 식사 준비, 식사는 각자 한다.
2. 자기 빨래는 자기가 한다.
3. 외박이 아닌 외출은 미리 이야기하지 않아도 된다.
4. 외박을 하거나 장기 여행을 갈 때는 만일의 사태에 대비해 미리 이야기한다. 상대방의 외박에 대해 자세히 묻거나 따지지 않는다.

규칙의 수와 조항은 부부가 상의해 정하면 된다. 추후에 내용을 추가하거나 삭제하고, 필요한 경우에는 변경할 수도 있다. 이때 핵심은 서로 충분히 이해하고 받아들여야 한다는 점이다. 한쪽이 일방적으로 고집을 부리고 자신의 가치관을 따르라고 강요해서는 안 된다. 자유롭게 의견을 주고받으며 정해야 한다.

이렇게 규칙을 정해두면 서로 마주치거나 부딪치는 시간을 줄여 물리적으로 거리를 확보할 수 있다. 물리적 거리가 벌어지면 적당한 심리적 거리를 유지할 수 있고 스트레스받는 일이 줄어든다. 자연스레 상대방을 향한 마음의 여유도 생길 것이다. 더 나아가 떨어져 보내는 시간이 길어지면 마음이 애틋해져 서로를 더 잘 챙기게 될 수도 있다.

마음의 여유가 생기면 지금까지 서로 하지 못했던 '고마워', '미안해' 같은 말도 자연스럽게 하게 되고, 상대를 존중하고 아끼는 마음도 커진다. 약간의 거리를 둠으로써 완전히 떨어지는 일을 막는 것이다.

부부가 적당히 거리를 두고 지내면 사이가 더 원만해질 수 있다는 사실을 잊지 말자.

취미와 덕질에는
나이도 성별도 없다

동거형 졸혼을 결정하고 서로 합의하에 규칙을 정했다면 한 걸음 더 깊이 들어가보자. 부부끼리 욕구나 취향, 취미에 관해 이야기해보기를 권한다. 서로 이해하지 못하면 말다툼이나 갈등이 생길 수 있는 문제이기에 솔직하게 마음을 터놓는 것이 가장 중요하다.

사람들은 나이가 들면 의식적으로 '욕망'이나 '욕구', '하고 싶은 일'이 생겨도 말로 잘 표현하지 않고 묻어두는 경향이 있다. 실제로 열정과 체력이 떨어지고 젊을 때보다 세상만사에 관심이 덜 가서 그럴 수도 있지만 그보다 '나이에 맞지 않게 욕심이 많다', '나잇값도 못 한다'라며 혀를 차는 사람이 많아서 그런 게 아닐까? 무언가를 하고 싶다는 강렬한 욕구나 의지가 생겨도 '나이 들어서까지 철모르고 유난을 떤다'라고 지탄을 받을까 봐 두려워 속으로만 감추는지도 모른다.

때때로 무언가에 열정을 느끼는 것, 더 나아가 일상의 활력소와 즐거움을 찾고자 하는 것은 나이와 성별을 불문하고 인간이라면 느끼는 본능이다. 그리고 이런 욕구를 잘 해소하는 과정은 건강한 노후를 위해 꼭 필요하다.

에너지 넘치는 남성은 취미로 운동과 등산을 즐길 수도 있고, 골프나 낚시를 하기도 한다. 앞에서 언급한 것처럼 스포츠카를 구매해 드라이브를 즐기는 것도 한 가지 방법이다.

연구 결과에 따르면 남성 호르몬인 테스토스테론은 신체 건강과 활력 유지에 도움을 준다. 테스토스테론 분비량이 줄면 근육량이 감소하는 근감소증sarcopenia과 신체 기능이 떨어지고 쇠약해지는 노쇠frailty를 겪게 된다. 매사에 의욕이 떨어지고 심한 경우 기억력, 사고력까지 감퇴하기도 한다. 욕구를 충족시키고 만족감을 느껴 호르몬 분비가 활발해지면 이런 부작용을 막을 수 있다.

욕망과 욕구, 새로운 취미는 갱년기의 여성에게도 긍정적인 효과가 있다. 예전에는 여성의 욕구는 무시하고 가벼운 것으로 치부하는 경향이 있었지만 이제 그렇지 않다. 요즘은 중년 여성을 겨냥한 드라마와 소설 등 콘텐츠가 다양하게 나와 있다. 이런 콘텐츠는 일상 속 재미와 활력이 되어준다. 그 외에도 꽃꽂이, 캘리그라피 등 예술적인 취미를 즐기는 사람도 있다.

주변 이야기를 들어보면 일반적으로 여성들은 운동처럼 거친 신체 활동보다 무언가를 소재 삼아 이야기 나누는 것을 선호하는 듯하다. 멜로 드라마, 로맨스 영화를 보고 간접 경험을 즐기는 것 같기도 하다.

자신의 취향을 잘 고려해보고 마음에 드는 연예인이나 캐릭터를 찾아 팬이 되는 것도 일상에 활력을 주는 좋은 방법이다. 요즘 표현으로 '덕질(특정 분야를 열성적으로 파고드는 행동)'을 해보면 어떨까?

최근 아이돌 가수나 배우에 열광하며 콘서트나 영화를 보러 가는 중년 여성이 크게 늘었다. 연극, 뮤지컬 등 공연을 보러 가서 관련 상품을 구매하거나 팬클럽에 가입하는 사람도 많다. 이렇게 취미로 덕질을 즐기면 기분이 좋아지고 호르몬 균형이 잡혀 갱년기도 잘 넘길 수 있을 것이다. 정신 건강에도 긍정적인 영향을 끼친다.

덕질의 최대 장점은 새로운 친구를 사귈 수 있다는 것이다. 좋아하는 것에 대해 함께 이야기하고 즐기다 보면 자연스레 친밀감, 유대감, 때때로 소속감까지 느끼게 된다. 이런 새로운 감정들은 전두엽을 자극해 노화를 막고 세로토닌 생성을 촉진한다. 세로토닌이 건강에 끼치는 영향은 3장에서 다시 살펴보겠다.

욕구와 욕망, 취향, 취미, 좋아하는 것은 사람마다 모두 다르다. 부부가 서로의 취미를 터놓고 알며 배려하는 것이 가장 중요하다. 개방적으로 덕질을 하고 취미 활동을 즐기자. 나이를 먹으면 꼭 점잖게 앉아 책을 읽고 신문을 보라는 법이 어디 있는가. 즐거운 활동과 열정은 건강을 유지하는 비결이 될 수도 있다. 서로 적절히 의견을 조율하며 각자 일상의 활력이 유지될 정도로 다양한 활동을 하는 것은 더할 나위 없이 바람직하다. 나아가 각종 용품을 구매하거나 티켓을 사는 행위는 소비 시장의 주역이 되는 지름길이다.

백년해로 또는
두 번째 결혼

동거형 졸혼을 시작했는데도 부부 사이가 나빠지기만 한다면 두 번째 인생을 함께할 동반자에 대해서도 진지하게 생각해보자. 이혼을 종용하는 말로 오해하지 마시라. 지금의 배우자와 헤어지는 것보다 '새로운 동반자를 만나는 것'에 초점을 두고 읽어주길 바란다.

60대에 접어들면 남은 인생을 행복하게 잘 살고 마무리하는 것이 가장 중요해진다. 그러기 위해서 지금 옆에 있는 배우자와 남은 평생을 잘 살아갈 수 있을지 진지하게 생각해봐야 한다. 짧지 않은 시간을 함께 산 부부가 뒤늦게 갈라서는 모습을 곱지 않은 시선으로 보는 사람도 있지만, 나는 황혼이혼이 잘못된 선택이라고 생각하지 않는다. 조금 도발적인 생각일 수 있으나 오히려 인생에 결혼은 두 번 정도가 적당하다고 생각한다.

결혼에는 목적이 있다. 잘 맞는 사람과 만나서 아이를 낳고 행복하게 잘 사는 것이다. 하지만 적령기에 하는 첫 번째 결혼으로 이 모든 목적을 이루기는 말처럼 쉽지 않다. 대부분 자식을 낳아 잘 키운다는 가장 큰 목적을 달성하느라 '행복하게 잘 사는 것'에는 소홀해진다. 이때 부부는 육아라는 과업을 함께하는 동반자 관계에 가깝다.

자식을 낳아 잘 키운다는 목적을 달성했다면, 다음 목적인 '행복하게 잘 사는 것'을 달성해야 한다. 지금 배우자와 그렇게 할 수 있을지 함께 숙고해보자. 앞으로 인생이 30~40년 정도 남은 상황이니 중간 점검을 하는 차원에서 서로에 대해 솔직하게 터놓는 시간도 필요하다. 어쩌면 이런 과정에서 서로에 대한 오해와 갈등이 풀리고 더 좋은 관계로 발전할 수도 있다. 물론 지금까지 고생했다며 웃는 얼굴로 헤어지고 좋은 친구로 남을 수도 있다. 하지만 이것을 부끄러운 일로 생각하지 않았으면 한다. 노년의 행복은 생각보다 중요하다.

노년에 이혼하면 영영 끝이고 다시는 새로운 사랑을 찾지 못할 거라고 생각해 망설이는 경우도 많은데, 황혼 이혼이 크게 늘어난 요즘은 뒤늦게 성격이 잘 맞는 좋은 동반자를 찾는 사람도 많아진 듯하다.

나는 이른바 '한 번 다녀온 사람'끼리 뜻만 잘 맞는다면 60대나 70대에 재혼해서 남은 인생을 편안하고 즐겁게 보내는 것도 나쁘지 않다고 감히 말하고 싶다.

가족과의 관계 돌아보기

○ 자식에게는 자식의 삶이,
   부모에게는 부모의 삶이 있다.

○ 후회 없이 살기 위해 자식으로부터 독립하라.
   자녀가 독립적인 존재임을 인정하자.

○ 자식에게 큰 재산을 물려주려고 애쓰지 마라.

○ 노년에 자식에게 부양받겠다는 생각은 버리자.
   그러나 때때로 기대고 의지하는 것은 괜찮다.

○ 바람직한 부부상은 시대별로 변화한다.

○ 자녀가 모두 독립해 나가고 정년퇴직을 해
   부부끼리 보내는 시간이 길어지면 관계를 돌아보자.

○ 배우자와 모든 것을 함께할 필요는 없다.
   잠시 떨어짐으로써 멀어지는 것을 막을 수 있다.

○ 부부는 서로의 삶과 취미를 존중해야 한다.
   각자 하고 싶은 일을 하며 활기차게 살자.

3장

건강검진은
당신의 건강을 책임지지 않는다

몸과 컨디션의
변화 관찰하기

오랜 세월 노인 의료 현장에 몸담아온 의사로서 60세에 반드시 마인드 리셋이 필요하다고 생각하는 분야를 꼽으라면 단연 질병과 건강이다.

건강 문제에 관해서라면 일본인들은 지나치게 착실하다. 건강검진을 받고 조금이라도 이상이 있다는 의사 소견을 들으면 어떻게든 정상 범위 내로 돌려놓으려 한다. 작은 증상이라도 발견되면 무조건 바로 치료받아야 한다는 생각부터 한다.

대부분의 사람들은 나이가 들면 어쩔 수 없이 혈압이 높아지고 혈당과 콜레스테롤 수치가 올라간다. 건강검진 결과 이상이 나타나는 횟수도 점점 늘고 철마다 자잘한 질병을 앓고 지나간다. 이런 현상은 자연의 이치다. 당연한 일로 받아들이고 과도하게 반응하지 않고 몸의 변화에 현명하게 대응해나가는 것이 좋다.

60대부터는 병을 자신의 일부로 받아들이고 살아가는 공존 의식이 무엇보다 필요하다. 주변을 둘러보면 각종 건강 문제를 없애기 위해 지속적으로 약을 처방받아 먹는 사람이 있다. 그러나 그랬다간 오히려 부작용으로 권태감에 빠지거나 종일 머리가 멍한 브레인포그 현상을 겪을 수도 있음을 명심하자.

각종 수치나 건강검진에 집착할 필요 없이 몸 상태를 잘 살피면서 더 나빠지지 않도록 관리하기만 해도 충분하다. 나이가 들수록 무엇보다 그날그날 컨디션에 따라 적절히 대응한다는 마음가짐을 가져야 한다.

나이가 들면
병과 함께 살아간다

사실 나에게는 지병이 있다. 바로 고혈압이다. 평소 수축기 혈압이 220까지 올라가서 약을 먹으며 170 정도로 조절하고 있다. 여전히 높은 수치지만, 그 이

하로 떨어뜨리면 어지러워져서 더 낮추지는 않는다(일반적으로 60대의 정상 혈압은 120에서 139까지로 보며, 150 이하로 유지하기를 권장한다).

혈압뿐만 아니라 혈당도 관리해야 한다. 현재 공복혈당을 측정하면 200에서 300 사이로 나온다. 이는 꽤 높은 수치다. 그렇다고 무리해서 낮추려고 하지는 않는다. 신경 쓰지 못하고 내버려두면 가끔 혈당 수치가 600까지 치솟아서 위험하지만 최대한 걷기나 스쿼트 같은 신체 활동으로 관리하는 편이다. 혈압과 달리 혈당은 최대한 약을 먹지 않고 조절하려고 한다(일반적으로 공복혈당 정상 수치는 70에서 100까지로 보고, 126을 넘으면 당뇨병으로 진단한다).

심부전도 앓고 있다. 심부전이란 심장이 혈액을 받아들이고 내보내는 펌프 기능이 약해지는 병으로, 대표적인 증상은 숨이 차는 것이다. 이유는 정확히 모르겠지만 이뇨제를 먹으면 증상이 좋아져서 호흡곤란이 오지는 않는다. 대신 화장실을 자주 가야 하는데 그 정도는 어쩔 수 없는 일로 받아들인다.

의사인 나 역시 이렇게 각종 지병을 달고 산다. 게다가 혈압과 혈당치를 정상으로 되돌려야 한다거나 병을 완전히 고쳐야 한다고 생각하지는 않는다. 애초에 60세가 넘으면 젊은 시절처럼 건강해지는 것은 불가능하다. 지금 몸 상태가 좋으면 된 것이다. 일을 하는 데 지장이 생기지 않을 정도의 컨디션이면 충분하다고 스스로 마음을 고쳐먹었다. 이렇게 마음가짐을 바꾸니 걱정하고 스트레스를 받는 일도 줄었다.

나이가 들면 누구나 한두 가지 병이나 증상을 안고 사는 것이 당연하다. 그러니 심각한 병이 아니면 약을 한 움큼씩 먹어가며 고치려고 애쓸 필요가 없다. 검사 결과에 일희일비하지 말고 지금 몸 상태가 괜찮은지, 생활에 큰 불편함이 없는지 먼저 생각해보는 것이 현명하다.

약은 통증이 심하고 괴로워지면 그때 복용하면 된다. 건강을 유지하겠다고 미리 이런저런 약을 몽땅 처방받아 남용하다가는 오히려 몸 상태가 악화되고 인지 기능까지 떨어지는 **다약제 복용**polypharmacy에 빠질 수 있다.

다약제 복용이란 5~10종류 이상의 약을 장기간 복용하는 것을 뜻하는 말로, 오늘날 고령화 시대에 문제로 대두되고 있다. 고령자들이 나이를 먹을수록 건강하게 살고자 여러 약을 챙기다 보니 이런 부작용이 생기는 것이다. 질병과 건강에 대한 마음가짐을 바꿔야 한다. 불로장생하겠다는 마음을 버리고 매일을 행복하게 보내자고 생각을 바꿔보자.

병과 함께 살아간다는 사실을 받아들이고 그날그날 컨디션에 따라 적절히 대처하자. 한결 마음이 편안해질 것이다.

의사와 환자는
갑을 관계가 아니다

질병을 대하는 태도보다 먼저 바꿔야 할 것이 있다. 바로 의사를 대하는 태도다. 나도 의사로 일하고 있지만 고령의 환자를 진료하다 보면 의사와 친밀한 관계를 유지해야 한다거나 주치의의 기분을 거스르면 안 된다고 생각하는 사람을 자주 만난다.

그들은 약이 몸에 맞지 않아도 바꿔달라고 선뜻 이야기하지 못한다. 심지어 의사와 의견 충돌을 빚기 싫어서 처방받은 약을 몰래 버린다는 사람도 있다. 치료 방침과 기준을 이해하지 못했는데도 고개를 끄덕이고, 수술 받기가 꺼려지는데도 거부하지 못하는 이들도 많다.

얼마 전에 한 주간지에서 나에게 '의사의 치료 방침을 부드럽게 거부하는 법'을 알려달라고 취재 요청을 했을 정도다. 그러나 안타깝게도 의사도 사람이니 기분 상하지 않게 의사의 치료를 거부하는 방법은 없는 것 같다.

다만 가끔 보면 자신이 환자보다 뛰어난 사람이라고 생각하는 의사가 있어 문제다. 그들은 환자로부터 "처방받은 약이 제겐 잘 맞지 않는 것 같아요", "수술은 받고 싶지 않습니다"라는 말을 들으면 무턱대고 화를 내거나 더 이상 진료를 하지 않겠다고 선언한다. 환자는 당황스러울 수밖에 없다.

일본의 모든 의과대학 입학 시험에는 면접이 포함되어 있다. 어려운 시험과 면접을 통과해야 의학을 공부할 자격을 얻는다. 그리고 이후 오랜 학업 기간과 수련 과정을 거쳐 비로소 의사가 된다. 그래서인지 많은 의사들이 스스로의 자질을 과대평가하며 자신이 공부도 잘하고 인격적으로도 훌륭한 사람이라고 굳게 믿는 것 같다.

환자에게 작은 공감조차 해주지 못하는, '인간적으로 자질이 부족한 의사'가 꽤 많은 것은 참으로 슬픈 일이다. 이 자리를 빌려 의사들에게 환자들을 좀 더 배려하고 그들의 말을 경청하자고 말하고 싶다. 환자들이 바라는 것은 때론 명약을 내리는 처방이 아니라 마음을 어루만져주는 공감이다. 그 작은 공감 하나로 명의가 되기도 하니 의사에게도 나쁜 일이 아니다.

환자들도 의사를 너무 어려워하고 무조건 순응할 필요가 없다. 의사를 존중하며 해야 할 말을 숨기지 않고 하면 더 나은 치료 방향을 이끌어낼 수도 있다.

쉽고 만만한 환자로 보이지 않는 법

그렇다면 병원에 진료받으러 가서 의사를 어떻게 대해야 할까? 나의 말을 경청하고 최선의 처방을 내려줄 의사를 어떻게 찾을 수 있을까?

일본에는 큰 수술을 받기 전에 의사에게 따로 잘 부탁

드린다며 성의를 표하는 환자가 종종 있다. 심지어 어떤 환자는 10만 엔이나 20만 엔(약 100만 원, 200만 원)이라는 적지 않은 돈을 봉투에 담아 건네기도 한다.

수술이 무사히 마무리된 후 감사의 마음을 담아서 선물을 건네는 것은 나쁘지 않다. 대학병원의 경우 더 그렇다. 일반적으로 대학병원 의사들은 개인병원 개업의보다 벌이가 적은 편이다. 그럼에도 대학병원이 좋아서 남은 이들이니 환자들이 하는 성의와 감사 표시는 그들이 뿌듯함을 느끼고 힘을 내서 진료를 보게 하는 긍정적인 원동력이 될 것이다.

다만 내가 지적하는 부분은 수술 전에 미리 사례금을 건네는 것이다. 미리 돈을 건네야 의사가 더 신경을 써서 수술해줄 것이라고 생각하거나, 돈을 주지 않으면 수술을 대충 진행하다가 의료 사고가 발생할지도 모른다고 미리 걱정할 필요는 없다. 이는 단언컨대 말도 안 되는 기우다. 모든 의사들은 최선을 다해 수술을 집도하고 환자들의 쾌유를 도울 것이다.

그보다 현실적으로 중요한 것은 의사에게 실수해도 고소하지 않을 노령의 환자로 보이지 않는 일이다. 의사가 환자를 만만하게 보고 쉽게 생각하면 어느 순간 긴장을 늦춰 실수할 수도 있기 때문이다. 그러니 의사의 태도를 꼼꼼히 잘 살펴보자. 적극적으로 듣고 질문도 많이 던져보자. 자신의 병에 관심이 많고 의사가 건네는 의학적 용어도 잘 알아듣고 이해하는 환자라는 생각이 들면 의사도 정신을 바짝 차리기 마련이다. 이도 저도 어렵다면 잘 아는 변호사가 있다고 자연스럽게 흘려 의사를 적당히 긴장하게 만드는 것이 차라리 만만한 환자로 보이지 않는 현실적인 방법이다.

이런저런 자료를 찾아보고 공부하며 자신의 몸 상태를 파악하며 배경지식을 쌓으면 진료 중 의사의 말에 의견을 덧붙일 수도 있다. 나에게 더 잘 맞는 약을 처방받아 몸 상태가 한결 가뿐해질지도 모른다.

다시 말해 잘 맞는 의사를 만나 진료받기 위해서는 내가 먼저 준비되어 있어야 한다. 나의 몸 상태와 컨디션을 세심히 살펴보고 의사에게 정확히 전달하자. 중간에 의사가 그 정도면 충분히 알겠다며 말을 끊고 처방을 내리려 하면 아직 말하지 못한 증상이 있다며 이야기를 계속하라. 의사들은 전공 수업에서 의료윤리 원칙을 배운다.

제대로 된 의사라면 당신이 적극적으로 이야기한 만큼 경청하고 맞춰주려고 노력할 것이다.

결론적으로 눈치만 보며 기분을 거스르지 않도록 조심하는 소심한 환자보다는 '자신의 상태를 자세히 설명하며 긴장의 끈을 놓지 않게 하는 적극적인 환자'가 되는 것이 훨씬 유리하다. 의사와의 관계도 똑같은 사람과 사람 사이의 관계라는 것만 기억하자. 원하는 것을 얻어내기 위해서는 적극적으로 행동해야 한다.

내 상태를
정확히 알고 전달하자

물론 간혹 환자가 약이 몸에 잘 받지 않으니 바꿔달라고 요청해도 전혀 듣지 않는 의사도 있을 것이다. 그렇다면 다음번에는 이렇게 말해보자.

"제 증상에 이 약이 좋다는 충분한 근거가 있나요?"
"이 약에 관한 대규모 국내 임상 시험 결과가 있나요?"

"이 약에는 부작용이 있다고 하던데요, 그 부분까지 충분히 고려해 처방해주신 건가요?"

만약 의사가 "근거가 충분하지는 않습니다만 해당 증상에 대체적으로 좋은 약입니다"라거나 "부작용이 있기는 하지만 이게 환자분께는 괜찮을 겁니다"라고 말한다면 이는 '주의의무 위반'에 해당한다. 의사로서 지켜야 할 의무를 어기는 것이다.

의사는 환자를 진료할 때 구체적인 증상이나 상황에 따라 위험을 방지하기 위해 최선의 조치를 취해야 한다. 그러나 하루에도 수없이 많은 환자를 진료하다 보면 그러지 못하는 순간이 생길 수 있다. 그러니 환자가 먼저 똑 부러지는 태도를 보이자는 것이다.

물론 그렇다고 지금까지 잘 지내며 신뢰를 쌓아온 의사에게 일부러 부정적인 반응을 보이거나 말다툼을 하라는 뜻은 아니다. 애당초 신뢰할 수 있는 의사라면 환자의 이야기에 귀 기울이고 약을 바꿔주거나 묻기 전에 먼저 부작용까지 친절히 설명하고 안내할 것이다. 환자의 상태를 더 세심하게 체크해 불안감을 덜어주는 의사도 찾아보면 분명 있다. 다양한 병원을 방문해보고, 이렇게 나와 잘 맞는 '좋은 의사'를 찾아서 주기적으로 내방하고 진료받는 것이 가장 좋다.

그러나 의도치 않게 '나쁜 의사'를 만난다면 주저하지 말고 하고 싶은 말을 다 하자. 묻고 싶은 것도 모두 묻자. 의사에게 미움받고 제대로 진료받지 못할까 봐 두려워할 필요는 없다. 질문을 던지고 내 의견도 전달했는데 여전히 의사의 치료 방식에 개선의 여지가 보이지 않는다면 병원을 옮기면 그만이다.

의사와 환자는 갑을 관계가 아니다. 병원에 갈 때는 반드시 이런 마음을 품고 가자. '의사의 기분을 거스르면 안 된다'라는 생각부터 버리자. 신뢰할 만한 의사를 찾고 만족스럽게 치료받기 위해서는 환자도 이것저것 찾아보고 공부하는 자세가 반드시 필요하다.

요즘은 인터넷에 접속해 쉽고 빠르게 유익한 건강 정보를 얻을 수 있으니 적극적으로 정보를 찾아서 현명한 환자가 되자. TV 건강 프로그램 등에서 나오는 상식을 일반화해 무분별하게 믿고 따르는 것을 지양해야 함은 물론이다.

건강 상식
바로 세우기

예전에 요쿠후카이 병원에서 근무한 적이 있다. 당시 그 병원에서는 1년에 100명 정도의 고령 사망자 시신을 해부했는데, 대부분 몸속 어딘가에 작은 암세포가 있었다. 85세가 넘어 사망한 환자의 몸에서 암이 발견되지 않는 경우는 없었다. 즉, 직접적인 사인은 암이 아니었다고 해도 대부분의 노인들이 몸에 암세포를 지닌 채 말년을 보냈다는 뜻이다.

사람의 몸에서는 평생 끊임없이 세포 분열이 일어난다. 그중 성인이 될 때까지는 별 탈 없이 세포를 복제하며 성장을 이어간다. 예를 들면 어린아이의 작은 간과 신장은 성장기 내내 세포 복제를 반복하며 점점 커진다.

젊을 때는 세포가 정확하고 깨끗하게 복제되지만 나이가 들수록 점차 분열 과정에 문제가 생긴다. 이 과정에서 실수로 만들어진 이른바 '불량 세포'가 몸 안에서 제멋대로 증식하는 것이 바로 암이다.

대부분 아는 사실이지만 일본인의 사망 원인 1위는 암

이다(2022년 통계 기준으로 한국인 사망 원인 1위도 암이다).
일본은 3명 중 1명이 암으로 사망할 만큼 세계적으로 암
사망률이 높은 국가다. 그런데 아이러니하게도 암의 발
생 이유는 일본인의 장수에 있다. 나이가 들수록 몸에 불
량 세포가 생길 확률이 높아지니 오래 사는 사람이 많을
수록 암으로 사망하는 사람도 늘 수밖에 없는 것이다.

암이 일본인 사망 원인 1위를 차지했던 첫해는
1981년이었다. 선진국 중에서도 눈에 띄게 빠른 속도였
고, 지금까지의 추이로 보아 앞으로 2명 중 1명이 암으
로 사망할 거라는 분석과 예측도 나오고 있다. 일본은
'암으로 죽는 나라'라고 표현해도 과언이 아닌 것이다.

그렇다면 암에 걸리지 않기 위해서는 어떻게 해야 할
까? 되도록 불량 세포가 생기지 않도록 건강한 생활 습
관을 들이고 면역력을 높게 유지하면 된다. 면역력을 키
우려면 스트레스를 받지 않고 정신 건강을 잘 관리하며
과도한 콜레스테롤 섭취를 피하는 것이 좋다.

또한 기존의 건강 상식을 바꿔야 한다. 한 국가의 건강
상식이란 국민들에게 많이 나타나는 질병에 따라 달라
지기 마련이다. 암 사망률이 높으면 암을 예방해주는 음

식을 많이 섭취하는 식의 지혜가 필요한 것이다.

과거 일본에서는 각기병이 유행했다. 각기병이란 어지럼증과 식욕 저하, 근육 약화를 동반하고 심한 경우 하지가 마비되어 잘 걷지 못하게 되는 병으로, 주로 비타민 B1이 부족한 경우 발병한다.

먹을 것이 부족하던 시절, 서민들은 현미, 보리, 기장, 조를 섞은 잡곡밥을 주로 먹었고 흰쌀밥을 먹는 사람은 소수였다. 그러다 17세기가 되어 에도 시대가 열리고 살림이 나아지자 이때부터 이상한 현상이 나타나기 시작했다. 바로 에도(현재의 도쿄)에 올라와 머물던 지방 영주나 무사들의 건강이 나빠지는 일이 잦아진 것이다. 이들은 다리가 붓고 힘이 빠지는 증상을 겪으며 시름시름 앓다가 신기하게도 고향으로 돌아가면 언제 그랬냐는 듯 싹 낫고 건강을 되찾았다.

이 병은 에도에 머무를 때 걸린다고 해서 '에도병'이라고 불렀다. 에도병의 실체와 원인은 19세기 후반에야 밝혀졌는데, 사실 에도병은 각기병이었다. 지방 무사들이 에도병을 앓았던 이유는 바로 흰쌀밥 때문이었다.

에도 시대부터 에도 지방을 중심으로 방앗간에서 도

정한 백미로 지은 흰쌀밥을 먹는 문화가 퍼졌는데 쌀눈을 제거하고 밥을 지어 먹으니 비타민 B1을 제대로 섭취하지 못했던 것이다. 그러다 고향으로 돌아가면 다시 도정하지 않은 쌀과 잡곡으로 밥을 지어 먹으며 자연히 회복할 수 있었던 것이다.

각기병은 20세기에도 기승을 부렸다. 러일 전쟁 당시 육군에 흰쌀밥을 보급해야 한다는 일본 정부의 방침 탓이었다. 당시 일본 육군 내 각기병 환자는 무려 25만 명에 달했고 그중 2만 7,000명 이상이 사망했다. 반면 해군은 비타민 B1이 풍부한 돼지고기 카레를 먹은 덕분에 각기병 사망자가 거의 없었다. 이렇듯 각기병이 국민병이었을 때는 잡곡밥을 먹고 비타민 B1을 섭취하는 등의 지혜로 이겨냈다.

한편 오늘날에는 암 이외에 골다공증이 대표적으로 문제가 되고 있다. 일본 토양에는 칼슘이 적어 식수나 채소에 함유된 칼슘의 양도 부족하다. 그래서 고령자들이 골다공증에 걸리기 쉽다. 생선을 통해 칼슘을 섭취하고 있다고 해도 자칫 잘못하면 뼈가 약해질 소지가 다분하다. 따라서 오늘날 일본에서는 칼슘 섭취량을 늘리는 방향의 건강 상식이 필요하다. 이를테면 60세 이상이라면 매일 한 잔의 우유를 마시는 것 등이다.

국민병은 시대마다, 나라마다 다르다. 달라지는 상황에 맞게 건강 상식도 바뀌어야 한다. 이제 일본인 사망 원인 1위인 암에 대한 건강 상식과 대처법을 살펴보자.

암, 어떻게
치료하는 것이 좋을까?

암에 걸릴까 봐 두렵고 불안하지 않은 사람이 어디 있을까? 고령자들이 암 진단을 받으면 '결국 나도 걸렸구나'라는 생각에 우울해하지만 사실 암은 아주 흔하고 걸리기 쉬운 병이다.

나이가 들수록 누구나 몸 안에 불량 세포가 생기기에 피해 가기가 쉽지 않다. 설령 확실히 진단받지 않았더라도 몸 어딘가 암세포가 자리잡았을 가능성이 농후하다.

항암 치료법은 매우 다양하지만 가장 보편적인 것은 수술, 화학 요법, 방사선 치료다. 셋 중 몸에 가장 크게 부담을 주는 것은 바로 수술이다. 물론 화학 요법도 이런 저런 부작용이 생길 수 있고 몸에 주는 부담이 상당하다. 약물을 사용해 전신에 영향을 미치기 때문이다. 또한 방사선 치료는 해당 부위의 암세포만 제거하는 국소 치료법인 만큼 비교적 부작용이 적지만 이미 전이되었거나 크기가 큰 암에는 효과를 보기 어렵다는 한계가 있다.

여기서 모든 암 치료법을 충분히 설명할 수는 없다. 내가 당부하고 싶은 것은, 상황을 고려해 치료법을 선택해야 한다는 점이다. 환자가 가장 우선시하는 부분을 명확히 전달하고 상담을 거쳐 그 뜻을 잘 이해하는 의사에게 치료를 받아야 한다.

한창 일할 나이인 40~50대에 암이 발견되었다면 되도록 빨리, 조기에 치료하는 것이 좋다. 그 나이에는 아직 체력이 받쳐주니 암세포만 제거하면 일터로 돌아가서 예전과 같이 생활할 수 있다. 젊은 나이에 수술을 받고 빠르게 완쾌한 사례는 많다.

그러나 나이가 들면 다른 관점에서 봐야 한다. 노화가 진행될수록 세포 분열이 느려지는 만큼 암의 진행 속도도 느려진다. 40대와 비교하면 70~80대 환자의 몸에서 암세포가 퍼지는 속도가 확연히 느리다.

게다가 반드시 고려해야 할 점은 70세 이후에 암 수술을 받으면 체력이 현저히 떨어진다는 사실이다.

일반적으로 암 수술을 할 때는 혹시 모를 전이를 막기 위해 암세포뿐만 아니라 주변 조직까지 제거한다. 예를 들어 위암 수술을 할 때는 암세포를 포함해 위의 3분의 2 가까이를 잘라내고, 상황에 따라서는 주변 소화 기관까지 절제하기도 한다. 때문에 위의 크기가 줄어들어 조금만 먹어도 배가 불러져서 영양 불균형이 생기기 쉽다. 먹어야 힘을 비축할 수 있는데 그 동력을 잃게 되는 것이다.

게다가 고령의 몸으로 암 수술과 부작용을 견디다 보면 체력이 급격히 떨어진다. 암은 치료했지만 걷기 힘들 정도로 쇠약해지기도 하고, 면역력이 떨어져 다른 병에 걸릴 확률이 높아지기도 한다.

안타깝지만 암세포를 완전히 제거하는 것을 최우선 목표로 삼는 대부분의 외과 의사들은 환자의 수술 이후 생활까지 충분히 고려하지 못하는 게 현실이다. 이들은 환자들이 영위할 삶의 질QOL, Quality of Life은 생각하지 못한 채 그저 암세포가 전이되지 않도록 막을 뿐이다.

그러니 나이 들어서 암 수술을 받으면 오히려 몸이 약해지고 건강이 악화될 수도 있다는 점을 환자 스스로 미리 알고 수술 여부를 결정해야 한다.

암을 긍정적으로
받아들이는 방법

2018년 75세의 나이로 세상을 떠난 일본의 국민배우 키키 키린의 사인도 암이었다. 그녀는 유방암 투병 중에도 영화를 찍었고 TV나 잡지 인터뷰도 마다하지 않았다. 평소와 똑같이 생활하는 그녀의 모습에 특별히 불편한 점은 없어 보였다.

그러나 인터뷰 기사나 사후에 출간된 저서 『키키 키린: 그녀가 남긴 120가지 말』(항해, 2019)을 읽어보면 암과 맞서 싸워온 그녀의 각오과 고뇌를 엿볼 수 있다. 키키 키린은 암을 긍정적으로 받아들였다. 이미 암세포가 온몸에 전이되었지만 당장 죽지 않는다는 점을 감사히 여기며 자신만의 방식으로 삶을 잘 마무리한 듯하다.

어떤 환자들은 암을 진단받고 병세가 급격히 나빠져 갑자기 세상을 떠나기도 한다. 하지만 이는 대부분 말기에 발견된 케이스다. 말기까지 진행되려면 꽤 오랜 시간이 걸리기에 암에 걸렸다고 갑자기 세상을 떠나는 일은 거의 없다.

그나마 암에 걸리면 **삶의 끝을 준비할 시간**이 주어지는 것이다. 키키 키린은 무엇보다 본인이 원하는 방식으로, 자택에서 죽음을 맞이할 수 있다는 점을 희망적으로 받아들였다. 또한 그녀는 치료법을 결정할 때 삶의 질을 유지하는 것을 가장 중요한 조건으로 삼았다. 평소처럼 생활하고 일을 계속할 수 있는 치료법을 고른 것이다.

암이 몸 곳곳에 전이된 상태였지만 그녀는 일 년에 한 번 가고시마에 있는 병원을 방문해 방사선 치료를 받기를 택했다. 심지어 하루에 10분 이상 치료받기를 꺼려서 한 번 방문하면 한 달 내내 그곳에서 지내곤 했다고 한다.

그녀의 저서를 읽어보면 이러한 치료 방식을 택한 덕분에 암 투병 중이라는 기분은 전혀 들지 않았다는 내용이 나온다. 직접 고민해서 선택한 치료법이 삶의 질을 크게 떨어뜨리지 않았던 비결이라며 만족스러워했다.

60대가 지나고 70대에 접어들면 암 진단을 받는 사람이 많아진다. 그 나이에는 앞으로 암에 어떻게 대처해나갈지가 큰 화젯거리다. 수술을 받을지, 화학 요법이나 방사선 치료를 받을지 자신이 결정하는 치료법에 따라 남은 삶의 질이 달라지고 때론 수명까지 크게 달라지기도 하기 때문이다.

체력이 다소 떨어지고 몸이 쇠약해지는 것을 감안하고서라도 암세포를 제거할 것인지, 암세포가 퍼지는 것은 막지 못하더라도 지금의 건강 상태를 최대한 유지하며 살 것인지, 둘 중 한쪽으로 결단을 내려야 한다.

대개 암을 진단받으면 대부분의 사람들은 일단 큰 충격을 받는다. 다음으로 의사에게 묻고 인터넷으로 각종 정보를 검색하며 암이 노화에 따라 자연스럽게 생기는 불량 세포라는 사실을 인지하게 된다. 그때부터 이 불량 세포를 어떻게 처리할지 고민하기 시작한다.

여기에 정답은 없다. 각자의 가치관과 삶의 방식에 따라 결정할 일이다. 잘 생각해서 후회 없을 결정을 내리면 그것이 옳은 답이다. 후회 없는 결정을 내리기 위해 암에 걸리지 않더라도 70대가 되면 만일의 사태에 대비해 남은 인생을 어떻게 살지, 말년을 어떻게 보내고 싶은지 진지하게 생각해두는 것이 좋다.

그렇지만 미리 겁먹고 패닉에 빠질 필요는 없다. 암의 진행 속도는 사람마다 다르고, 예외도 있지만 60대 이상 환자 대부분은 진행 속도가 빠르지 않기 때문이다. 암은 일반적으로 1센티미터까지 자라기 전에는 검사를 해도 쉽게 발견되지 않고 이렇다 할 증상도 없다. 처음 암세포가 생기고 1센티미터까지 자라려면 10년 정도 걸리는 게 대부분이다. 그렇다고 60대 이상의 나이에 1센티미터보다 작을 때 빨리 도려내는 편이 나은가 하면 꼭 그런 것도 아니다. 암 치료는 그래서 어렵다. '조기 발견'만이 답은 아닌 것이다.

암 검진을
받지 않아도 되는 이유

지금부터 내가 말하는 내용은 오랜 시간 고령의 암환자들을 지켜본 경험에서 나온 지극히 개인적인 생각이다.

우리는 나이가 들면 모두 몸 어딘가에 암세포를 품은 채 살아간다. 자신의 몸에 암세포가 있었다는 사실을 평생 모르다가 다른 병에 걸려 세상을 떠나는 사람도 많다. 내가 근무했던 요쿠후카이 병원의 고령 환자 중 3분의 2가 실제로 그랬다.

일반적으로 70대나 80대에 발견된 암은 중년 환자의 암세포보다 진행 속도가 현저히 느리다. 그대로 내버려두어도 환자가 수술을 받았을 때와 비슷한 나이까지 생존하는 사례가 많다.

암은 조기에 발견해 치료하는 것이 중요하다는 인식이 널리 퍼져 있어 대부분의 성인들은 정기적으로 암 검진을 받는다. 물론 나도 중년 환자라면 하루라도 빨리 암을 발견해 조기에 치료해야 한다고 생각한다.

하지만 70대에 접어들면 빠르게 발견해서 서둘러 치료해도 큰 의미가 없다. 자신이 암이라는 사실을 모르면 적어도 4~5년간은 별다른 증상 없이 평소와 똑같이 건강을 유지하며 살 수 있다.

지병과의 공존 의식이 필요하다는 말을 기억하는가?

암과도 공존 의식이 필요하다.

검진을 받고 암이 발견되는 바람에 급히 수술을 받았다가 몸이 쇠약해지는 고령 환자들을 많이 보았다. 기력이 떨어져 거동이 힘들어지고 결국 다른 병에 걸려 예상치 못하게 일찍 삶을 마감하는 케이스도 있었다.

그러니 굳이 암을 찾아내려 하지 말고 '모르는 게 약'이라는 생각으로 주어진 삶을 끝까지 누리는 게 더 나은 선택일 수도 있다. 누군가는 말도 안 되는 헛소리로 치부해버릴지 모르지만 암과의 공존은 나이가 들면 한 번쯤 생각해볼 문제다.

건강검진에
집착할 필요 없다

지금까지 내가 여러 저서와 기고문에 수없이 설파하고 다닌 만큼 이미 들어본 독자들도 있겠지만, 나는 솔직히 어느 정도 나이를 먹으면 암 검진은 물론이고 건강검진도 받을 필요가 없다고 생각한다.

요즘은 노동안전위생법(한국의 산업안전보건법에 해당)에 따라 많은 기업이 직원들에게 의무적으로 건강검진을 받게 한다. 따라서 대부분의 직장인들이 매년 건강검진을 받는다. 현재 일본의 70세 이상 고령층은 해당 법률이 시행되면서 건강검진을 받기 시작한 첫 세대다. 문제는 이 세대가 건강검진 결과를 지나치게 맹신하는 경향이 있다는 점이다.

건강검진 결과 몸 상태가 심각하다면 치료를 받는 것이 옳다. 균형이 맞지 않는 식습관과 건강에 좋지 않은 생활 습관을 고쳐야 하는 사람도 분명 있다. 하지만 작은 이상이 발견되었다고 초조해하며 의사의 말을 무조건 따를 필요는 없다.

나는 지금껏 30년 이상 의사로 일하며 고령 환자들을 전문으로 진료해왔다. 그간의 경험에 비추어봤을 때 건강검진을 꾸준히 받는다고 수명이 늘어나지는 않는 것 같다. 오히려 나이 들어서까지 삶의 질을 유지하려면 건강검진은 받지 않는 편이 낫다고 본다.

실제로 건강검진을 받고 관리하는 것이 수명을 늘려준다면 왜 일본 여성의 평균 수명이 남성보다 길겠는가?

건강검진이 정말 효과가 있다면 회사원이나 공무원으로 일하면서 젊은 시절부터 꾸준히 검진을 받아온 남성들이 전업주부나 파트 타임으로 일하며 정기적으로 검진을 받지 못했던 여성들보다 더 오래 살아야 한다. 하지만 실제 통계를 보면 여성의 평균 수명이 더 길다.

90세 이상 장수하며 정정하게 지내는 할머님들을 찾아가 인터뷰를 해보면 태어나서 단 한 번도 건강검진을 받아본 적이 없다는 분도 많다. 그러니 건강검진을 받아야 건강하게 오래 산다는 생각은 평면적이고 단순한 고정관념에 지나지 않는다.

건강검진에서 이상 수치가 나오면 의사는 주의할 점을 일러준다. 현재 생활 습관을 진단하고 주의가 필요한 부분을 짚어주며 체중과 혈압, 혈당치와 콜레스테롤 수치를 낮추는 것이 좋겠다고 조언한다.

그러나 내가 보기에 어느 정도 나이가 든 사람은 그런 사소한 수치를 특별히 관리하고 낮출 필요가 없다. 나이가 들어도 활력 넘치고 건강하게 살기 위해서는 넘치는 부분을 줄이기보다 부족한 부분을 더하는 것이 차라리 낫다.

이야기를 들어보면 건강검진을 받고 혈당이든, 체내 염분이든, 콜레스테롤이든, 그 외 다른 영양성분에 대해 정상치를 초과했으니 주의하라고 지적을 받았다는 사람은 굉장히 많다. 하지만 각종 수치가 정상치보다 낮으니 조심하고 영양을 보충하라는 소견을 들었다는 환자는 거의 보지 못했다. 권장 수치를 초과할 때뿐만 아니라 미달할 때도 분명 질병이나 증상이 생길 텐데 말이다.

지금껏 노인 의료 전문가로서 환자들을 지켜본 내 경험에 따르면 부족한 것보다는 차라리 조금 넘치는 쪽이 낫다. 건강 면에서는 나이가 들수록 '미달'보다는 '초과'가 더 현명한 관리법이다. 그러니 건강검진에 집착해 각종 숫자에 내 몸을 맞추려는 노력도 60세가 되면 그만두자. 건강검진 역시 마인드 리셋이 필요한 부분 중 하나다.

나이가 들면 신체 사이즈나 각종 수치가 정상 범위에 들어가는지 여부가 아니라 몸에 부족한 영양소를 파악하고 충분히 섭취하는 일에 더 신경을 써야 한다. 영양분이 있어야 신체가 정상적으로 기능할 수 있고, 그래야 세포의 염증 발생이나 노화를 유발하는 산화 작용을 막을 수 있다. 그게 즐겁게 나이 들고 천천히 늙는 길이다.

엉뚱한 병원으로
가지 않도록

만약 60대에 건강검진이나 뇌 검사, 심장 검사를 받았는데 이상이 발견되었다면 어디서 치료를 받는 것이 좋을까? 의료기관 선택 역시 중요한 문제다. 이곳저곳 잘 알아보고 미리 생각해두면 유용하다.

어느 병원에 가든 비슷하고 고만고만하게 치료받겠거니 생각하는 사람이 많지만 사실 그렇지 않다. 치료 방침은 의사나 병원에 따라 천차만별이다.

일본 의료계에는 여전히 객관적이고 과학적인 자료와 근거보다 권위적인 의사 소견을 우선시하는 악습이 남아 있다. 또한 의사들 사이에는 완벽주의를 표방하며 환자의 사망을 막는 것이 가장 중요한 목표라는 생각이 어느 정도 퍼져 있는 것 같다. 그러니 환자가 완치 후에 누리게 될 삶의 질까지 세심하게 배려하며 진료하는 의사는 찾아보기 어렵다.

단적인 예로 코로나-19 바이러스 유행 당시 정부와 감염병 전문가들이 발표한 생활 지침을 보면 '어쨌든 사망자 수만 최소화하면 된다'라는 생각이 기저에 깔려 있음을 알 수 있다. 그들은 감염을 막는 것을 우선시하고 과하다 싶을 정도로 외출을 자제하라고 했다. 그 결과 밖에 나가지 못한 고령자들은 코로나-19 감염은 피했을지 몰라도 근력이 떨어지고 고립감에 힘들어하다 우울증에 걸리는 등 다른 건강 문제를 더 심각하게 겪었다.

특정 의사나 대학의 명성에 기대어 병원을 선택하려는 사람도 많은데, 그러다 보니 잘못 생각해 엉뚱한 곳을 찾는 경우도 있다. 예를 들어 당신이나 주변 가족의 심혈관 기능에 이상이 생겼다고 하자. 생명과 직관된 문제이니 최고의 의사를 찾지 않겠는가?

일본에서 가장 유명한 심혈관질환 전문의는 2012년에 일본 천황의 관상동맥 우회술(심장박동을 잠시 멈추고 인공심폐기를 연결한 채 막힌 관상동맥 주변으로 우회혈관을 연결하는 큰 수술)을 성공적으로 집도한 준텐도대학 심장혈관외과의 아마노 아츠시 박사다. 그의 명성은 익히 들어 알 것이다.

아마노 박사는 당시 도쿄대학교부속병원과 협동으로 천황의 수술을 진행했다. 그래서 그에게 진료받기 위해

도쿄대병원으로 가는 환자들이 많다. 그러나 도쿄대병원에 간다 해도 아마노 박사는 없다. 아마노 박사를 지켜보며 천황의 수술을 옆에서 함께 진행했던 다른 의사들이 있을 뿐이다. 아마노 박사에게 진찰을 받기 위해서는 도쿄대병원이 아니라 준텐도대학병원으로 가야 한다.

다급한 마음에 병원을 무작정 방문하기 전에 먼저 올바른 정보를 알아보고 확인해야 한다. 의사와 병원을 잘 검색해보고 선택하자. 누구에게 치료를 받을지와 치료 후에 어떻게 생활하고 싶은지 스스로 생각하고, 그다음에 어느 병원으로 가야 원하는 방식으로 진료받을 수 있을지 꼼꼼히 알아보아야 한다. 병원에 적극적으로 문의해보는 것도 방법이다.

한 가지 더 첨언하자면 나이가 들고 병에 걸려 수술을 받아야 할 때 대부분의 사람들은 대학병원을 선호하는데, 사실 나이 많은 환자에게 대학병원은 딱히 좋은 곳이 아니다. 대학병원에는 세세하게 나누어진 각 분야에 특화된 전문가들이 있을 뿐, 고령자를 위한 전문의는 그다지 많지 않기 때문이다. 고령의 환자를 전문적으로 진료할 수 있는 곳이 더 좋은 선택일 수 있다.

활력이 부족하다면
약부터 끊어라

예전에 어떤 의사가 80대 이상의 고령 환자가 많이 머무는 시설을 둘러보고 잘 걷지도 못하고 멍하니 앉아서 시간을 보내는 이들이 많다는 사실을 깨달았다. 그는 환자들이 왜 그렇게 무기력해졌는지 이유를 찾다가 평소 복용하는 약을 조사하기 시작했다.

조사 결과, 환자들은 매일 놀라울 만큼 다양한 종류의 약을 복용하고 있었다. 살짝 과장해 약만 챙겨 먹어도 배가 부르겠다는 생각이 들 정도였다.

자세히 살펴보니 그중 대부분은 복용을 중단해도 당장 생명에 지장이 생기지 않는 약들이었다. 단순히 혈압약이나 당뇨약, 잠이 오지 않아서 먹는 신경안정제 등이었던 것이다.

"당장 약부터 끊는 게 좋겠습니다."

이 의사는 80~90대의 고령자에게는 체중이나 혈압,

혈당 수치를 조절해 낮추는 것보다 활력을 되찾는 일이 더 시급하다고 판단해 바로 약 복용을 중단시켰다.

그러자 놀랍게도 환자들은 점차 활기를 되찾았고, 정말 오랜만에 머리가 맑아지고 기분이 상쾌해졌다며 기뻐했다고 한다.

이 글을 읽는 독자들은 이런 어이없는 일이 정말 사실이냐고 반문할지도 모르겠다. 약을 끊고 오히려 활력을 되찾았다니, 말이 안 된다고 생각할 수도 있다. 하지만 의료계에서 다약제 복용은 특별히 드문 케이스도 아니다. 나도 혈압약이나 당뇨약을 습관적으로 복용하다가 오히려 저혈압이나 저혈당이 와서 몸을 덜덜 떨거나 잘 걷지도 못하는 환자들을 종종 보았다.

나이가 들면 그렇잖아도 운동 능력이 떨어지는데 약을 먹고 움직임이 더 불안해지거나 의식이 흐려지면 건강에 오히려 마이너스가 된다. 약을 먹고 누워 있으면 넘어지거나 다칠 일은 없겠지만 몸은 점점 더 쇠약해지고 활기를 잃는다. 이런 현상은 비단 80대나 90대에게만 일어나는 일이 아니다. 60~70대부터 주의해야 한다.

다약제 복용의 시작은 대부분 건강검진이다. 국가의료

기관에서 권장하는 정상치를 벗어났다는 결과가 나오면 의사들은 일단 약을 처방해준다. 근본적인 치료보다 약을 써서 수치부터 정상으로 돌려놓고 보자는 식이다.

물론 심각한 병을 치료하기 위한 약이라면 꼭 먹어야 한다. 이에 대해서는 반대하지 않는다. 그렇지만 생활 습관을 바꾸는 것만으로 충분히 조절할 수 있는 수치를 약에 의존해 해결하려는 생각은 바꿔야 한다. 게다가 약을 복용하다가 해당 수치가 정상으로 돌아가면 적절히 끊어야 하는데, 어떤 이들은 약 먹는 것을 대수롭지 않게 여기거나 건강 관리법으로 생각해 습관처럼 계속 복용한다. 이렇게 되면 약물 오남용의 문제도 생길 수 있다.

만약 약을 먹고 오히려 컨디션이 나빠졌다면 당장 끊어야 한다. 약을 먹은 뒤 머리가 멍해지고 집중력이 떨어지거나 몸이 떨리는 증상이 생겼다면 의사에게 확실히 말해야 한다. 특별히 치료할 증상이 없는데 약을 먹고 이상이 생겼다면 약부터 끊는 것이 옳다.

의사에게 말했는데도 복용을 중단시키지 않고 처방을 계속한다면 담당의를 바꾸는 것도 고려해봐야 한다. 다약제 복용은 절대 금물이다.

마음 편하고 즐거운 것이
최고의 건강 관리법

지금까지 내가 주장한 내용을 요약해보자.

60대가 지나면 의사가 권하는 대로 무리해서 암 검사와 수술을 받지 않아도 된다. 굳이 건강검진을 받을 필요도 없다. 더 오래 살게 해준다는 보장도 없는 각종 약을 매일 꼬박꼬박 복용할 필요도 없다.

독자분들 중 몇몇은 분명 말도 안 되는 소리라며 고개를 저을 것이다. 그도 그럴 것이 보통 의사들은 이런 조언을 하지 않는다. 오히려 아프기 전에 건강검진을 꾸준히 받고 약을 잘 챙겨 먹으라고 할지도 모른다.

그러나 혈압, 혈당, 콜레스테롤 수치를 낮게 유지하는 사람이 더 오래 산다는 근거는 어디에도 없다. 적어도 일본인을 대상으로 실시한 대규모 임상 시험 결과는 본 적이 없다. 즉, 건강검진에서 나온 수치 대부분은 질병과 명확한 인과관계를 보이지 않는다.

그럼에도 많은 사람들은 체중, 혈압, 혈당치, 콜레스테롤 수치를 열심히 조절한다. 그것이 건강한 삶을 위한 기본 상식처럼 받아들여진다. 상식처럼 알려졌지만 명확한 근거가 없는 경우도 의외로 많다. 이런 의학 상식을 무조건 믿어도 괜찮을까?

세상에는 다양한 의사가 있다. 보통은 의사가 환자의 상태를 잘 파악하고 진료한다. 하지만 연구실에 틀어박혀 몰두하느라 고령 환자를 진찰해본 임상 경험은 적은, 논문과 연구에만 정통한 의사도 많다는 사실을 알아야 한다. 특히 대학병원이 그렇다. 현재 의료계는 그들이 영향력을 행사하며 만들어왔다.

나는 솔직히 그런 의사들의 조언을 무조건 신뢰하고 받아들이는 것은 어리석은 짓이라고 생각한다. 그러나 여전히 대학병원 교수라는 권위에 끌려 그들의 말을 믿고 따르는 고령자가 많다. 그들의 믿음이 잘못되었다는 것은 아니다. 대학병원에도 분명 환자의 상태를 배려하며 그들의 말을 경청하고, 완쾌 후 삶의 질까지 신경 쓰며 진료를 보는 의사가 있을 것이다. 결국 의사와 치료법은 환자 스스로가 충분히 내담해 믿을 수 있다고 판단되는, 끌리는 쪽을 선택하면 된다.

다만 지금까지 내가 권한 조언(암 수술 받지 않기, 건강

검진 받지 않기, 복용약 줄이기 등)을 따른다고 오래 산다
는 보장이 없는 것처럼, 대학병원 의사들이 말하는 장수
비결에도 근거가 없기는 마찬가지라는 점은 다시 한 번
짚고 넘어가겠다. 적어도 내가 권하는 건강 관리법은 오
랜 시간 수많은 고령 환자를 지켜봐온 임상 경험을 바탕
으로 한다. 양쪽 모두 근거가 부족하다면 연구실에서 동
물 실험과 논문에 집중했던 의대 교수보다는 현장에서
수많은 환자를 만나며 임상 경험을 쌓은 나의 주장이 더
믿고 따를 만하지 않은가?

의학은 계속 발전하고 있다. 지금까지 알려진 대부분
의 치료법과 지식은 아직 연구 중인 최신 이론일 뿐이다.
이 사실을 정확히 인지하고 생각을 조금만 바꿔보면 어
떨까?

억지로 각종 수치를 조절하며 걱정하는 괴로운 건강
관리법보다 마음 편하고 즐거운 건강 관리법이 낫다.

나는 참고 억눌러도 건강과 장수가 보장되는 것이 아
니라면 차라리 지금의 즐거움과 활력을 우선시하는 관
점이 낫다고 생각한다. 강박적으로 건강을 관리하겠다는
생각은 버리자.

의욕이 떨어질 땐
호르몬 치료를

20~30대에는 스키를 타다가 다리가 부러져서 한 달 동안 입원한다고 해도 퇴원하면 금세 예전처럼 걸을 수 있다. 하지만 60~70대가 되면 상황이 달라진다. 우선 골절이 회복되는 시간이 오래 걸린다. 그러는 동안 병상에 누워만 있으니 근육량이 현저하게 줄어든다. 결국 완치 후에도 홀로 일어서거나 걷지 못하게 된다. 심한 경우 작은 동작조차 스스로 하지 못해 누군가의 돌봄을 받아야 하는 상황으로 곧장 이어지기도 한다.

70대가 되면 뼈, 척추, 관절 등 운동과 관련된 신체 기관이 약해지는 운동기능저하증후군Locomotive Syndrome이 많이 나타난다. 이를 막거나 늦추기 위해서는 60대부터 조금씩이라도 몸을 움직이고 머리를 쓰는 것이 좋다. 특히 그 나이쯤 되면 은퇴하고 일을 그만두어 활동량이 줄어드는 경우가 대부분이다.

의식적으로 머리를 쓰고 몸을 움직이는 습관을 들여야 한다. 가만히 앉아 있으면 뇌 기능도, 신체 능력도 떨어지고 금세 돌봄이 필요한 상태가 되어버린다. 이런 사실을 모르는 사람은 없을 것이다. 그러나 실천하기가 참 어렵다.

60대까지는 괜찮지만, 70대가 되면 몸이 불편해서가 아니라 의욕이 부족해서 활동량이 줄어든다. **의욕 저하는 노화의 가장 큰 주범이다.** 머리를 쓰고 몸을 움직여야겠다고 생각하지만 의욕이 부족해 아무것도 손에 잡히지 않고 흥미가 생기지 않는다. 점점 누군가를 만나는 일도 귀찮아져 외출조차 하지 않고 집에만 머무르게 된다.

의욕이 떨어지는 것은 전두엽 노화, 호르몬 감소와 연관이 있다. 의학적으로 전두엽은 40대부터 위축되기 시작해 70대부터 본격적으로 노화가 진행된다. 남성의 경우 이 시기에 성 기능과 의욕에 영향을 미치는 남성 호르몬의 분비량이 눈에 띄게 줄어든다.

바꿔 말하면 나이를 먹어도 두뇌 활동과 남성 호르몬 분비량을 젊은 시절과 비슷하게 유지하면 일상적인 활동을 계속하고 활력을 유지할 수 있다는 뜻이다.

여성은 폐경 후에 남성 호르몬 분비가 늘어 성격이 더 활달해지기도 한다. 그러나 여성 호르몬이 감소해 피부가 거칠어지고 골다공증에 걸리기 쉽다. 그래서 고령에 접어든 여성은 매일 적당히 운동을 하고 햇빛을 충분히 받는 것이 좋다. 칼슘 흡수에 중요한 역할을 하는 비타민 D를 잘 챙기는 것도 잊지 말자.

나이가 들면 성호르몬이 부족해지면서 일상생활의 의욕이 떨어지기 쉽다. 이럴 때 호르몬 치료를 통해 삶의 질을 개선하는 것도 방법이다. 서양에서는 나이가 들어 호르몬이 감소하면 치료를 통해 보충하는 일이 자연스럽게 여겨지지만 어째서인지 일본에는 이를 부적절하게 보는 인식이 퍼져 있어 기피하는 사람들이 많다.

남성이든 여성이든 나이가 있을수록 더 적극적으로 호르몬 치료를 받아야 한다. 60대나 70대에 접어들었는데 자꾸 의욕이 떨어진다면 한 번쯤 고려해보길 바란다. 나 역시 호르몬 치료를 받으며 남성 호르몬을 보충하고 있고, 주변에 이 치료로 확실히 효과를 보고 만족하는 사람들도 꽤 있다.

60대부터 열심히 몸을 쓰고 움직이면 타인에게 돌봄 받는 시기를 늦출 수 있다. 삶의 의욕을 유지하는 구체적인 방법을 차근차근 더 살펴보자.

고기를 많이,
더 많이 먹어야 하는 이유

⟳ 　의욕 저하를 막는 가장 쉽고 간단한 방법은 고기를 먹는 것, 즉 육류 섭취다.

일반적으로 나이가 들면 고기보다 채소 위주의 식단이 몸에 좋다고 생각하며 젊을 때보다 담백하게 식사를 하려는 사람이 많다. 이는 잘못된 생각이다. 일본인들의 영양 상태를 조사해보니 **70대 이상 고령자의 5명 중 1명은 단백질 부족 상태였다**(2020년 조사 결과 한국에서도 65세 이상 남성의 4명 중 1명, 여성의 절반가량이 단백질을 부족하게 섭취하고 있다).

식생활이 점차 서구화되고 있다고는 하지만 아직도 일본의 1인당 1일 평균 육류 섭취량은 100그램 정도밖에 되지 않는다. 참고로 미국인은 300그램 정도다 (2023년 기준 한국인의 1인당 1일 육류 섭취량은 약 166그램이다). 고기를 미국인만큼 무조건 많이 먹으라는 것이 아니다. 현재 섭취량은 여전히 부족하고 특히 나이가 들수록 그 경향이 점점 뚜렷해진다는 사실에 주목해야 한다.

다시 의욕 이야기로 돌아와서, 나이를 먹을수록 의욕이 떨어지는 이유는 다양하다. 그중 하나는 뇌에 작용하는 신경전달물질 세로토닌이 감소하기 때문이다. '행복 호르몬'이라고도 부르는 세로토닌은 말 그대로 사람이 행복감을 느끼게 하는 호르몬이다. 살다 보면 작은 일에 문득 참 행복하다고 느낄 때가 있는데, 이때 분비되는 물질이 세로토닌이다.

성호르몬과 마찬가지로 세로토닌 분비량도 나이가 들수록 감소한다. 그래서 나이를 먹으면 자연스레 의욕이 떨어지고 기분도 우울해진다. 다행히도 세로토닌 감소는 생활 습관을 개선하면 어느 정도 극복할 수 있다.

이때 가장 효과적인 방법은 바로 육류를 섭취하는 것이다. 세로토닌을 생성하는 데에는 '트립토판tryptophan'이라는 아미노산이 필요하다. 트립토판을 많이 함유한 대표적인 식품은 고기다. 고기를 잘 챙겨 먹으면 세로토닌 생성을 촉진시켜 의욕 저하를 쉽게 막을 수 있다.

또한 고기는 남성 호르몬의 원료가 되는 콜레스테롤도 다량 함유하고 있다. 고기를 먹어서 트립토판과 콜레스테롤을 충분히 섭취하면 세로토닌과 남성 호르몬이 많이 분비되어 의욕 넘치고 활기차게 지낼 수 있다. 육류 섭취는 일상의 활력을 유지하는 데 매우 효과적인 방법인 셈이다.

콜레스테롤은 동맥경화를 유발하고 심근경색의 위험을 높여 건강에 좋지 않은 성분으로 많이 알려져 있지만 사실 피하는 것만이 상책은 아니다. 심장질환으로 인한 사망자가 많은 미국에서는 콜레스테롤을 해로운 존재로 인식하지만, 이를 일본에 그대로 적용하기는 어렵다. 일본에서는 암으로 사망하는 사람 수가 심근경색으로 사망하는 사람 수의 12배에 달한다(한국에서는 심장질환이 암에 이어 사망 원인 2위를 차지하지만 사망자 수는 절반 이하로 현저히 낮다). 일본은 경제협력개발기구OECD 회원국 중에서도 심장질환 사망자 수가 적은 편에 속한다. 따라서 일본인들은 동맥경화보다는 콜레스테롤 부족을 더 걱정해야 한다.

고기를 좋아하지 않거나 체질상 먹지 못하는 사람이라면 어쩔 수 없지만, 건강을 생각해 되도록 자제하고 피해왔다면 앞으로는 그러지 말자. 가끔 고령자들의 식사를 보면 부실하다 못해 초라해 보이기까지 한다. 건강을 유지하기 위해서는 육류도 잘 섭취해야 한다.

80세의 나이에 세 번째 에베레스트 등정에 성공한 산악인 미우라 유이치로는 지금도 한 번에 스테이크를 500그램씩 먹는다고 한다. 특수한 사례이기는 하지만 고기를 즐겨 먹는 습관이 고령에도 운동 능력을 유지할 수 있었던 이유 중 하나임은 분명하다.

조금 통통한 사람이
더 오래 산다

나이가 들면 신진대사가 떨어져서 몸이 무거워진다. 나잇살이 쪘다며 체중 관리를 하는 사람도 많다. 하지만 다이어트는 50대까지만 하고 그만두자. 건강에 문제가 생길 정도로 과체중인 경우가 아니라면 **노년기에 힘들게 다이어트를 할 필요는 없다.** 다이어트는 오히려 건강만 해칠 뿐이다.

사람들이 왜 이렇게 체중 관리에 열을 올리기 시작했을까? 여러 이유가 있겠지만, 가장 큰 이유는 몇 년 전부터 들려오기 시작한 대사증후군metabolic syndrome 때문이다. 대사증후군이란 만성적인 신진대사 장애로 내장 지방이 쌓여 비만과 고혈압, 당뇨병 같은 질병을 일으킬 수 있는 상태를 말한다. 일본은 2008년부터 대사증후군 여부를 진단하고 관리해주는 특정건강검진과 특정보건지도 제도를 시행하고 있다.

그러나 이는 노인 의료 현장을 전혀 모르는 학자와 공무원이 주도해 만든 잘못된 시책에 불과하다. 체중을 줄이면 오히려 수명이 줄어든다는 통계도 나와 있다.

몇 년 전 도호쿠대학의 구리야마 신이치 교수는 비만도와 수명의 관계를 연구한 논문을 냈다. 그는 미야기현에서 40세 이상 성인 남성 5만 명을 대상으로 12년간 조사를 실시한 결과, 저체중이나 정상체중보다 약간 비만인 사람이 6~7년 정도 오래 산다는 사실을 발견했다.

주변을 둘러봐도 비슷한 사례가 보인다. 당신 주변의 70~80대를 떠올려보라. 마른 사람보다 어느 정도 풍채 있는 사람이 더 건강하고 활기차게 지내는 경우가 많지 않은가? 나 역시 오랜 시간 고령의 환자들을 진료해왔지만 적당히 체격이 있는 사람이 더 건강한 편이었다. 그들은 피부 상태도 좋고 일상생활도 활동적이었다. 반면 마른 사람을 보면 눈에 띌 정도로 주름이 많고 야위었다는 인상을 받았고, 대부분 영양실조를 겪고 있었다.

지나친 다이어트는 근감소증과 노쇠를 초래하고 체질을 허약하게 바꿔 건강에 악영향을 미친다. 그러니 나이가 들면 허리 둘레나 체중에 집착할 필요가 없다. 60대 이상에게 중요한 것은 첫째도 의욕, 둘째도 의욕이다.

그렇다면 여러 학자와 전문가들은 왜 노년에 살을 빼고 채식을 하라는 등 잘못된 생활 습관을 권하는 것일까? 사실 특별한 이유도 없다. 그저 미국을 따라하는 것뿐이다. 미국과 일본의 주요 사망 원인에는 분명 차이가 있는데도 학자들은 미국의 의학 상식을 그대로 차용해왔다.

현장에서 일하는 의사들은 고령자의 다이어트가 얼마나 위험한지 소리 높여 경고하고 있다. 도쿄도의사회는 홈페이지에 '대사증후군 관리보다 노쇠 예방이 먼저!'라는 표어를 내걸고 다음과 같이 호소했다.

"영양 상태와 사망률 통계를 분석해보면 고령자의 BMI (키와 몸무게를 이용해 지방의 양을 측정하고 비만도를 보여주는 체질량지수)는 중년까지와 달리 다소 높은 편이 좋다는 결과가 나온다. 노년기에는 대사증후군 예방보다 음식을 충분히 섭취해서 영양 상태를 유지하는 것이 더 중요하다는 것이다."

60대 이후로는 부족한 영양소가 없는지 스스로 살피며 충분히 먹어야 한다. 간혹 조금 과하게 먹었더라도 걱정할 필요도 없다. 잘 챙겨 먹으면 영양 면에서도 좋고, 심리적 만족감도 느낄 수 있다. 맛있는 음식을 먹으면 스트레스가 줄고 행복 호르몬이 분비되며 결과적으로 면역 기능도 높아진다.

금연도 필요 없는 나이라니

끊어야 한다는 걸 알지만 끊지 못하는 대표적인 기호식품을 두 가지 꼽으라면 역시 술과 담배다.

나이가 들수록 건강을 생각해 금연하고 금주해야겠다

고 생각하는 사람들이 많다. 이미 끊었다면 정말 다행이고 잘된 일이지만, 여기서는 조금 다른 이야기를 하려고 한다. 나는 기본적으로 70대까지 흡연을 했다면 그때부터는 억지로 담배를 끊을 필요가 없다고 생각한다.

사람들이 담배를 끊는 이유는 각종 암과 질병을 예방하기 위해서다. 보통 담배는 폐암, 후두암 등 호흡기 암을 유발한다고 알려져 있다. 암 외에도 두 가지 심각한 질병을 유발하는데, 바로 동맥경화와 폐기종이다.

흡연은 사람의 심혈관에 영향을 끼친다. 담배의 주성분인 타르와 일산화탄소는 동맥 내벽에 장기적인 손상을 일으키고 염증 상태를 유도해 동맥경화를 일으킨다. 때문에 흡연자는 심근경색과 뇌경색을 일으킬 확률이 비흡연자보다 확연히 높다.

폐기종은 기관지나 폐에 염증이 생겨 산소와 이산화탄소를 교환하는 폐포벽이 파괴되는 질병이다. 이 병에 걸리면 호흡이 힘들어져 결국 금연할 수밖에 없게 된다. 담배가 백해무익하다는 말이 나올 법도 하다.

나 역시 60대까지의 환자에게는 금연을 권한다. 남은 인생을 즐겁고 편안하게 살기 위해서라도 건강을 관리하라고 말이다. 독자분들 중 담배를 끊고 싶은 사람이 있다면 60대에, 지금 당장 끊자. 하지만 70대 이상이라면 이야기는 달라진다.

예전에 요쿠후카이 병원 부속 노인요양시설에서 일하며 흡연자와 비흡연자의 수명을 비교 조사한 적이 있었다. 그 결과 65세를 넘어가면 흡연 여부에 따라 생존 곡선(연령별로 생존한 사람 수의 비율을 나타낸 그래프)에 큰 차이가 보이지 않았다. 그 이유는 아마 흡연으로 암이나 심혈관질환을 앓은 사람은 대부분 요양원에 입소하기 전에 사망했기 때문일 것이다. 수십 년간 담배를 피우고 70대까지 폐암이나 심근경색에 걸리지 않은 사람은 담배에 강한 유전 인자를 보유하고 있을 가능성이 높다.

그러니 70세가 넘으면 스트레스를 받으며 억지로 금연하려고 애쓰기보다 차라리 타인에게 불편을 끼치지 않는 선에서 적절히 흡연을 즐기는 것이 더 현명한 선택 아닐까?

담배가 백해무익하다고 하지만 관점을 달리하면 좋은 점도 있다. 오랜 시간 흡연해온 사람은 담배를 피며 심리적 안정감을 느낀다. 흡연 구역에 모여 담배를 피우다 보면 사람들과 이런저런 대화를 나누며 유대감이 쌓이기도 한다. 나이가 들수록 타인과의 유대감이 주는 효과는 무시할 수 없다.

나는 흡연자가 아니지만 분명히 느낀다. 최근 흡연자를 향한 제재와 비난의 강도가 확연히 높아졌다. 흡연자 입장에서는 억울할 만하다. 담뱃세는 오르기만 하고, 흡연 구역을 찾기는 어렵고, 겨우 찾아서 담배를 피우다가도 지나가는 행인이 있으면 눈치가 보이니 말이다. 흡연이 불법도 아니고, 엄연히 기호식품인데 술이나 커피보다 유난히 더 지탄받는 것 같다.

요즘은 담배를 피우고 싶지만 몸을 해칠까 봐 주저하는 사람을 위해 전자 담배나 시샤(물담배)처럼 새로운 형태의 흡연 제품도 나와 있다. 찾아보면 니코틴과 타르 없이 향만 즐길 수 있는 담배, 비타민을 섭취할 수 있는 담배도 있다. 담배를 완전히 대체하기는 어렵겠지만 몸에 미치는 악영향은 줄여줄 것이다.

다시 한 번 이야기하지만 하고 싶은 일은 하면서 살아야 한다. 그래야 행복을 느껴 몸도 마음도 건강해지고 결과적으로 장수할 수 있다.

GI지수와
건강한 음주법

같은 취미를 즐기는 사람들이 모여 동호회를 만드는 것처럼, 같은 기호식품을 즐기는 사람들 사이에 유대감이 생기는 것은 당연하다. 음주 문화도 그렇다.

술자리는 사람들 사이 소통의 장이 되어준다. 그래서 나는 나이가 들면 술도 끊을 필요가 없다고 생각한다. 은퇴하고 70대쯤 되면 그렇지 않아도 사람을 만나 이야기할 일이 점점 줄어드는데 다른 이들과 함께하는 즐거움을 피할 이유가 무엇인가.

담배에 니코틴이 들었다면 술에는 알코올이 들어 있다. 술도 담배만큼이나 중독성이 강해 끊고 싶어도 끊기 어렵고, 마시다 보면 점점 간에 무리가 간다. 심한 경우에는 간 기능 장애가 생기거나 알코올 의존증에 빠질 수도 있다. 따라서 술도 담배도 적정선을 지키며 즐기는 것이 좋다.

그렇다면 의학적으로 건강하게 술을 마시는 방법은 없을까? 여기서는 건강하고 즐거운 음주를 위해 술 고르는 팁을 나눠보려고 한다.

술을 마신다면 되도록 GI지수glycemic index(혈당지수)가 낮은 술을 마시는 것이 좋다. GI지수란 식후 혈당치 상승도를 나타내는 지표로, 이 지수가 높을수록 당화 반응glycation이 쉽게 일어난다.

당화 반응이란 우리 몸에 포도당이 지나치게 많아져서 단백질이나 지방에 결합해 구조가 바뀌는 것을 뜻한다. 당화 반응은 동맥경화나 피부 노화 등 신체 노화를 초래하는 주범이다. 빵이나 고기를 구우면 갈색으로 변하는 이유도 바로 당화 반응 때문이다.

따라서 되도록 당화 반응을 적게 일으키는 술을 마시는 것이 좋다. GI지수가 가장 낮은 술은 와인이고 가장 높은 술은 맥주다. 그래서 나도 요즘은 퇴근 후 술을 한 잔 마시고 싶을 때 맥주 대신 와인을 마신다. 만약 와인이 없는 술집에 간다면 소주, 위스키 같은 증류주가 그나마 낫다.

산화 반응oxidation 역시 신체 노화에 영향을 미친다. 사람은 살기 위해 반드시 호흡을 하고 산소를 들이마셔야 한다. 산소는 우리 몸에 꼭 필요하지만 다른 분자와 결합

하면 반응성이 커져 노화를 촉진하기도 하는데, 이런 산소를 '활성산소'라고 한다. 몸에 활성산소가 많이 생기면 생체 조직을 공격하고 세포를 손상시키는 산화 반응이 일어난다.

활성산소는 정상적인 대사 과정에서 생성되기 때문에 방지하기가 어렵다. 우리 몸에서는 기본적으로 활성산소를 중화시켜 세포 손상을 예방하는 항산화 작용이 일어나지만 나이가 들면 그 기능이 떨어진다. 따라서 노화를 막으려면 항산화 작용을 하는 음식을 챙겨 먹는 것이 좋다. 이때도 와인이 도움이 된다. 특히 레드와인에 들어 있는 폴리페놀polyphenol은 항산화 작용을 하는 물질이기에 적정량을 섭취하면 건강에 긍정적인 영향을 끼친다.

건강을 위해 술을 끊을 필요는 없지만 한 가지 주의할 점은 있다. 나는 환자들에게 외롭거나 쓸쓸할 때 홀로 과음하는 일은 되도록 피하라고 한다. 혼자 느긋하고 여유롭게 즐기는 음주와 고독감에 빠져 괴로움을 잊으려는 폭음은 천지 차이다.

과거 일본에서 큰 인기를 누렸던 가수 미소라 히바리는 말년에 매일 밤 혼자 술을 마셨다고 한다. 마치 이별

의 고통을 술로 달래는 애달픈 심정을 담은 자신의 대표
곡, '슬픈 술'이라는 의미의 〈카나시이 사케悲しい酒〉를 그
대로 재현한 듯한 삶을 살았다.

어쩌다 술을 과하게 마셔도 다른 사람과 함께하는 자
리라면 크게 상관이 없다. 친구들과 와자지껄하게 떠들
고 때로는 남 이야기도 오르내리는 즐거운 술자리는 전
혀 문제가 되지 않는다.

홀로 외롭게 마시는 술은 다르다. 혼술을 자주 하는 사
람일수록 우울증이나 알코올 의존증에 걸릴 확률이 높
다는 연구 결과도 있다. 가끔 잠이 오지 않는다는 핑계로
밤마다 술을 마시는 사람도 있는데, 그런 경우에는 당장
술을 끊고 병원에 가서 수면에 도움이 되는 적절한 약부
터 처방받는 것이 낫다.

60대 이후로는 세상만사를 '즐거운 일'인지 '즐겁지 않
은 일'인지로 따져야 한다. 그래야 건강과 질병에 관한 마
음가짐도 바로 세울 수 있다. 혼술은 즐거움과는 거리가
먼, 그저 '나쁜 습관'일 뿐이다.

건강 상식 바로 알기

○ 나이가 들면 지병이 생기는 것은 당연하다.
　공존 의식을 갖고 병을 지혜롭게 다스려야 한다.

○ 나의 몸은 내가 가장 잘 안다.
　주의를 기울여 컨디션을 조절하는 것으로 충분하다.

○ 나의 성향과 가치관을 배려해주는 의사를 찾아라.

○ 암에 걸렸다고 바로 삶이 끝나지는 않는다.
　치료 여부와 방법을 직접 고민해 결정해야 한다.

○ 필요하다면 호르몬 치료를 받고 의욕을 챙기자.

○ 마른 것보다는 살짝 통통한 것이 건강에 좋다.
　고기를 끊거나 다이어트를 할 필요가 없다.

○ 술, 담배 등 기호식품을 적당히 즐기는 것은 괜찮다.

○ 즐겁게 사는 것이 곧 건강하게 사는 길이다.

4장

좋아하는 일을 찾고
인생을 온전히
즐길 수 있는 시기

일하지 않는 자
먹지도 말라?

누구에게나 자기만의 인생관이나 좌우명이 있다. 젊은 시절에는 마음에 품은 생각이나 기준 덕분에 나태해진 태도를 바로잡기도 하고 갈림길 앞에서 올바른 선택을 하기도 했을 것이다. 그런데 나이를 먹으면 줄곧 품고 살아왔던 생각과 기준을 바꿔야 할 때가 온다. 젊은 시절에 세우고 지켜왔던 인생관이나 좌우명을 60대 이후까지 그대로 유지하려 고집하다가는 그것이 자유와 행복을 속박할지도 모른다.

예를 들어 좌우명이 '일하지 않는 자 먹지도 말라'인 사람이 있다고 치자. 젊은 시절에는 이 좌우명을 마음에 품고 열심히 일하며 살았을 것이다. 그렇지만 세월 앞에 장사 없다고, 나이가 들면 결국 일을 할 수 없는 때가 온다. 그때 그 사람은 다음과 같이 생각하게 될지도 모른다.

'일도 하지 않고 연금만 받으며 놀고먹어도 괜찮을까?'

'생활이 어렵기는 하지만…… 연금을 제대로 납부하지 못했는데 복지 혜택을 받는 것은 염치없는 일이지.'

나이가 들어 체력이 떨어지고 할 수 있는 일이 줄어들고, 노인을 위한 일자리도 많지 않은 상황에서 젊은 시절의 좌우명을 계속 고집해 스트레스를 받고 정신적으로 힘들어지고 있는 것이다.

잠시 간략히 설명하고 지나가자면 '일하지 않는 자 먹지도 말라'라는 구절은 성경에서 비롯되었다. 신약 성경 「데살로니가후서」 3장 10절에는 "일하기 싫어하는 사람은 먹지도 말라"라는 구절이 있다. 타인에게 참견하며 나태를 부리지 말고 정직하게 일하며 나에게 주어진 의무와 책임을 다하라는 뜻으로 해석된다.

이 표현을 가져다가 성경과 다르게, 이념적으로 활용한 이가 바로 소비에트연방을 수립한 러시아의 사회주의 혁명가 블라디미르 레닌Vladimir Lenin이다.

레닌이 가리키는 '일하지 않는 자'는 토지를 소유한 지주들이었다. 당시 소비에트연방에는 직접 일하지 않고 소작인들을 부리며 사치스러운 생활을 즐겼던 자본가들이 있었다. 레닌은 그 세력을 무너뜨려야 한다는 의미로 이 말을 사용한 것이다. 평범한 서민들에게 일하는 사람만이 먹을 자격이 있다는 의미로 한 말이 아닌데, 시대가 변하며 다르게 사용되고 있는 것 같다.

나이가 들면 누구나 힘이 빠지고 일을 할 수 없게 된다. 이때부터는 타인의 보살핌이 필요해지기 마련이다. 그러나 나이 지긋하신 분들 중에 요양 시설에 들어가거나 공공 복지 서비스를 받는 것을 병적으로 거부하는 이들이 종종 있다. 아마 그들은 지금까지 독립성과 책임감을 중시하며 누구보다 열심히 살아온 이들일 것이다.

젊은 시절 온 힘을 다해 열심히 살아온 독자 여러분이 정말 자랑스럽다. 지금까지 고생했다는 말도 건네고 싶다. 세월이 흐르면 무엇이든 낡고 약해지는 것처럼 인간도 몸과 마음이 약해진다. 그러니 60대가 된 이제는 마인드를 리셋하고 생각을 바꿔보자. 타인에게 보살핌 받는 것을 추하거나 부끄럽게만 여기면 결국 자기 자신이 괴로워질 뿐이다. 젊었을 때 가졌던 가치관과 기준을 버리고 60대에 맞는 가치관을 재정립해야 한다.

젊을 때는 타인을 돕고, 나이 든 후에는 타인으로부터 도움을 받으며 살아가는 것은 어쩌면 세상의 순리이자 이치일지도 모르는 일이다.

당연히 해야 하는 일은
없다

정신의학 분야에는 **당위적 사고**should thinking라는 개념이 있다. 당연히 무언가를 해야만 한다고 생각하는 사고방식을 뜻한다. 타인에게 기대면 안 된다거나 주어진 일은 철야를 해서라도 끝내야 한다는 식의 강박사고도 여기에 포함된다. 이처럼 **당연히 해야** 한다고 생각하는 기준이 있었다면 이제는 미련 없이 내려놓자.

나의 몸은 죽을 때까지 내가 건사해야 한다고 생각하는 이들이 있다. 이런 당위적 사고방식으로는 결코 편안한 노후를 보낼 수 없다. 언젠가는 노환으로 침대에 누워 지내게 되고, 거동이 어려워 타인의 도움을 받게 되고, 정신이 희미해지는 때가 온다. 이때 스스로 쓸모없고 민

폐만 끼치는 가치 없는 사람이라고 생각하면 점점 더 자신을 속박하며 우울해질 뿐이다.

지금까지 베푼 만큼 주변 사람들에게 조금은 의지해도 괜찮다. 성실히 세금을 납부했으니 복지 혜택을 받을 자격이 있다. 마음가짐을 얼마나 유연하게 바꿀 수 있는지가 여생을 얼마나 편안하게 보낼지를 결정한다.

60대에 들어서면 자신의 인생관이 지나치게 엄격하지 않았는지, 젊었을 때의 마음가짐을 그대로 간직한 채 앞으로 남은 40년을 살아도 괜찮을지 스스로 돌아보고 고쳐야 한다.

중국의 고전 『주역』에 '군자표변君子豹變'이라는 고사성어가 나온다. '군자는 빠르게 잘못을 깨닫고 신속하게 올바로 행한다'라는 의미다. 깨달음을 얻으면 고치는 것. 그것이 나이 들수록 누릴 수 있는 특혜가 아닐까? 인생을 절반쯤 살아온 자에게만 있는 지혜이기도 하다.

가치관이 바뀌면 자연스럽게 생각도 바뀔 것이다. 다른 사람에게 의지하며 편안하게 보내는 여생도 한결 마음 편히 받아들일 것이다. 아집에 빠져 집에 틀어박혀 고독하고 우울하게 보내는 여생보다 훨씬 낫지 않은가?

누군가의 도움을 받더라도 외출하고, 사람을 만나고, 잠시 대화를 나누는 등 조금이라도 사회적인 활동을 하면 노화 방지에도 분명 도움이 된다. 몸과 마음이 모두 건강하고 행복한 노후를 보내려면 젊은 시절을 내내 지배했던 고정관념을 깨려는 노력이 필요하다.

작고 소소한 것에서
시작하자

70대쯤 되면 예전에는 대수롭지 않게 해냈던 일들이 하나둘씩 어려워질 것이다. 어느 순간 그 사실을 체감하게 되고, 인정하고 받아들인다고 해도 나도 모르게 화가 나고 우울해질 수도 있다. 당연한 일이다. 왜 화가 나지 않겠는가.

그러나 잠시 생각해보면 할 수 있는 일이 여전히 많이 남아 있다. 70대에는 하지 못하게 된 일에 미련을 갖는 것보다 할 수 있는 일에 집중하는 편이 낫다.

신체 기능이 떨어지는 시기에 아직 몸을 움직여 할 수

있는 행동과 동작을 '잔존기능'이라고 한다. 나이가 들면 잔존기능을 되짚어보고 오래 유지하는 게 중요하다.

4년에 한 번씩 올림픽에 뒤이어 열리는 패럴림픽은 장애가 있는 사람이 남은 신체 기능을 최대한 끌어올려 서로 겨루며 어디까지 해낼 수 있는지를 보여주는 대회다. 나는 나이를 먹을수록 패럴림픽의 정신과 비슷한 마음가짐이 필요하다고 생각한다.

즉, 노년에도 여전히 할 수 있는 일을 '특기'라고 생각하는 것이다. 꼭 뛰어나거나 우수한 재능일 필요도 없다. 젊은 사람이라면 누구나 할 수 있는 평범한 동작이나 활동도 70세 이상에게는 그 자체로 훌륭한 특기가 된다.

다른 사람과 비슷한 속도로 걸을 수 있다는 사실에 기뻐하는 40대는 없다. 하지만 70대에도 40대와 속도를 맞춰 걸을 수 있다면 이는 뛰어난 잔존기능이다. 나이가 들었다고 가만히 앉아서 쉬기만 하지 말고, 할 수 있는 일부터 해보는 것이다. 60대를 활력 넘치게 보내면 그 이후의 70대에 남는 잔존기능이 훨씬 많을 것이다.

60대부터 매일 직접 장을 보고 식사 준비를 하는 것은 어떤가? 장아찌를 담가 주변 지인에게 선물해보자. 자주 외출하고, 모르는 사람과 마주쳐도 낯가리지 말고 대화를 나눠보자. 필요하면 주변에 솔직하게 도움을 청하자. 이런 일들이 평범하고 사소해 보이겠지만 나이가 들수록 스스로 할 수 있다는 것 그 자체로 인생의 큰 버팀목이 된다. 또한 작고 소소한 일로 즐거워하는 것은 60대 이후에 비로소 누릴 수 있는 삶의 기쁨이다.

당신의 생각을
당당하게 표현하라

작은 일에도 행복해하는 것은 좋지만 그렇다고 스스로에게 지나치게 너그럽거나 느슨해지는 것은 경계해야 한다.

사람마다 나이에 맞는 적절한 행동이 있다. 60대 이후에 이제 나이가 들었으니 젊은 사람들에게 맞춰야 한다거나 세상의 흐름을 무조건 받아들여야 한다는 생각으로 유행과 트렌드를 따르는 척 포장할 필요는 없다.

오히려 조금 완고하더라도 지금까지 살며 얻은 깨달

음과 경험, 쌓아온 노하우를 전해주려는 마음가짐이 더 낫다. 그래야 나이가 들어서도 주변 사람들과 자연스럽고 편안하게 어울려 지낼 수 있다.

은퇴하기 전인 50대에는 후배들에게 당신의 경험을 이야기해도 주로 냉담한 반응만 돌아왔을 것이다. 옛날이야기는 듣고 싶지 않다거나, 지금은 과거와 다르다며 오히려 반감을 샀을지도 모른다. 그런 일을 몇 번 겪고 나면 어쩔 수 없이 위축되고 나이 든 사람이 하는 이야기는 다들 싫어한다고 생각하게 된다.

은퇴하고 물러난 60~70대의 말을 잔소리로 치부하며 전혀 귀 기울이지 않는 사람도 분명 있다. 옛날식의 고리타분한 생각이라거나 요즘 세상에는 통하지 않는 말이라며 부정당할지도 모른다. 그러나 나는 나이 지긋한 어르신이 무심코 던진 한마디에 '연륜에서 나오는 뛰어난 혜안이구나!' 하며 감탄한 게 한두 번이 아니다. 듣자마자 그 자리에서 무슨 말인지 깨닫지는 못해도 한 해 한해 시간이 흐르고 나이를 먹어가며 '아, 그때 그 말씀이 그런 의미였구나!' 하고 고개를 끄덕인 적도 있다.

그러니 당신이 옳다고 생각하는 것이 있다면 적극적

으로 의견을 표현해도 괜찮다. 사실 당신의 생각이 옳은지 그른지는 아무도 판단할 수 없다. 시간이 흐르며 판단 기준 자체가 달라지는 일이 얼마나 많은가.

나이가 들수록 좋은 생각이 떠올라도, 상대방의 의견에 반박하고 싶어도 그냥 입을 다물게 된다. 구태의연하고 편향된 사고방식을 가진 늙은이처럼 여겨지지 않을까 걱정되어 더 그렇다. 그렇지만 당신의 말이 틀렸고 다른 사람의 말이 반드시 옳다는 보장은 없다. 그들의 의견도 다양한 생각 중 하나일 뿐이다.

정치와 경제, 삶의 가치관에 관한 문제라면 더더욱 '유일한 정답'은 없다. 답은 수없이 많고 관점에 따라 충분히 달라질 수 있다. 시대가 변하면 또 다른 답이 생기기도 한다.

분야를 막론하고 당연한 것처럼 여겨지던 상식이 불과 몇 년 사이에 완전히 뒤집힐 수 있다. 완전히 새로운 주장이 제기되는 것은 그리 드문 일도 아니다.

그러니 뚜렷한 정답이 존재하지 않는 한 생각과 견해를 자유롭게 표현하면 된다. 의견을 내지 않더라도, 적어도 주변인들의 뜻에 무조건 따를 필요는 없다. 오랜 세월

살며 자연스럽게 쌓인 당신만의 생각과 가치관을 드러
내자. 그래야 스스로도 이해하고 받아들일 수 있다.

나는 10년 전쯤에 이 사실을 깨달았다. 그전까지는 나
역시 정답을 얻겠다는 생각으로 끊임없이 찾아보고 공
부했다. 더 배우고 싶고 더 알고 싶었다. 모르는 것을 공
부하는 목적은 한 가지로 정확하게 떨어지는 정답을 찾
기 위해서라고 생각했다.

그러나 공부를 하면 할수록 세상에 유일한 정답은 없
다는 생각이 들었다. 심지어 과학적이고 정확하다고 여
겨지는 의학 지식조차 계속해서 변한다. 긴 미래를 내다
보면 무엇이 정답인지는 아무도 모른다. 그렇다면 하나
의 정답을 찾기보다 다양한 답과 선택지를 최대한 많이
확보하는 편이 현명하지 않을까?

배움의 즐거움은
평생 간다

 '인생 공부'란 다른 의견에 귀 기울이고 관점

을 넓히는 행위다. 더불어 다양한 가능성을 고려하며 이런저런 길을 찾아가는 것이 진정한 공부일 것이다.

지금 확실히 옳다고 믿는 것도 사실 틀렸을 수 있고, 시간이 지나면 다른 의견이 옳게 느껴질지도 모른다.

살다 보면 가끔 일방적으로 자기 생각을 남에게 강요하는 사람을 만나게 된다. 나는 그런 사람을 향해 다음과 같이 반문한다.

"당신의 주장이 절대적으로 옳다는 근거가 있나요?"
"그 말이 앞으로도 계속 옳을 것이라고 확신하십니까?"

이렇게 물으면 대부분은 말끝을 흐리며 한 걸음 물러난다. 세상에 확실하게 장담할 수 있는 것은 많지 않다.

유일한 정답이 아니라 다양한 가능성과 답을 생각해보는 과정이 참된 의미에서의 공부다. 이를 깨달으면 배움에 끝이 없다는 사실도 자연스레 깨닫게 된다. 한 가지 답을 찾아도 다른 가능성이 열려 있으니, 새롭게 알고 공부할 것이 끝없이 이어진다.

'공부'라는 단어만 봐도 이제 진절머리가 난다며 고개

를 젓는 사람이 많다. 특히 나이를 먹을수록 무언가를 배우려 해도 머리에 잘 들어오지 않아 '이제 와서 무슨 공부?'라는 생각으로 지레 포기해버린다. 하지만 정말 그럴까? 나이가 들면 공부와 멀어지는 것이 당연한가?

70~80대가 되어서도 한 가지 주제를 정해 열심히 파고드는 사람은 많다. 그들은 모두 생기와 에너지가 넘친다. 각 지역 도서관과 문화관 등 공공시설에 가보면 다양한 스터디 모임이 개설되어 있다. 그곳에서는 나이 불문하고 함께 공부하는 사람들을 볼 수 있다.

공부라는 단어는 자연스럽게 시험을 연상시킨다. 시험 문제를 풀고 정해진 답을 내놓기 위해서는 정의, 공식, 원칙, 풀이법 등을 가능한 한 많이 외워야 한다. 높은 점수를 받아야 경쟁자들보다 돋보일 수 있다. 그래서 공부라는 단어만 봐도 지겹다는 사람이 많은 것이다.

초·중·고등학교 교과 과정에서는 지식을 전달하고 암기하는 공부법도 분명 필요하다. 그러나 이런 학습 방식은 대학교부터는 통하지 않는다. 사회에서도 마찬가지다. 성인이 되면 지식을 익혀 여러 답을 찾는 능력, 지식을 바탕으로 자신의 생각을 정리하는 능력이 훨씬 중요해진다. 이런 의미의 '공부'에 빠지면 나이가 들어서도 스스럼없이 각종 스터디와 활동에 참여할 수 있다.

공부가 너무 좋아서 70대에 대학 강의를 수강하거나 대학원에 입학해 관심 있던 분야를 연구하는 사람도 있다. 이들의 공통점은 더 알고 싶다는 소박한 학구열이다. 하나의 정답이 아니라 다양한 생각과 견해를 알고 싶어 하고, 지금보다 더 넓은 시야를 갖고 싶어 한다. 배움에 대한 열정은 아무리 나이를 먹어도 사라지지 않는다.

책을 읽고 강의를 들으며 공부하면 그만큼 현명해진다. 매일 조금씩 지식을 쌓고 소중한 가르침을 얻는다. 60대든 70대든 매일 한 걸음씩 발전하고 나아가는 것은 여전히 소중하고 행복한 일이다.

참기만 하는 인생은
이제 안녕

앞서 언급한 것처럼 85세 이상 사망자의 시신을 부검하면 거의 항상 몸 안에서 암세포가 발견되며,

뇌에서는 알츠하이머병으로 인한 변화를 확인할 수 있다. 혈관에는 대부분 동맥경화가 진행되어 있다. 그러나 몸에 이런 이상이 생겼는지도 모르다가 나이 들어 세상을 떠나는 사람이 많다.

80대부터는 몸 안에 질병의 싹을 키우며 살아간다고 해도 과언이 아니다. 이 싹들이 언제 발병할지는 알 수 없다. 오늘까지 건강하다가 내일 갑자기 중병에 걸릴 수도 있고, 어느 날 갑자기 입원하게 될 수도 있다. 그래서 나이가 들수록 현실을 직시하고 내일 죽어도 후회할 것이 없는 삶을 살아야 한다.

이는 60대~70대도 마찬가지다. 60대와 70대에는 아직 신체적, 정신적으로 건강해 자유분방하게 활동할 수 있다. 이 시기에 집에만 틀어박혀 있으면 나중에 몸이 노쇠해서 정말 움직이기 힘들어졌을 때 십중팔구 후회할 것이다.

그렇다면 남은 생을 후회 없이 보내기 위해서는 어떻게 해야 할까? 무엇보다 **억지로 참지 않는 것**이 중요하다. 일상생활을 하다 보면 참고 자제할 일이 참 많지만, 건강과 행복을 위해서 다음 세 가지만은 절대 하지 말자.

1. 원치 않는 약 복용하기

2. 식욕을 절제하고 먹고 싶은 음식 포기하기

3. 하고 싶은 일 참으며 살기

먼저 약이다. 우리는 몸이 안 좋으면 증상에 맞춰 해당 진료과를 찾아간다. 병을 종합적인 관점이 아니라 각 진료과 기준으로 진단받는 것이다. 아픈 곳이 많아지면 여러 병원을 돌며 자연스럽게 처방받는 약이 늘어난다. 순환내과에서 혈압약을 처방받고, 비뇨기과에서 건강보조제를 처방받고, 내분비내과에서 인슐린을 처방받는 식이다. 주는 대로 처방전을 받고 약을 타다 보면 어느새 복용약이 15종류를 넘기도 한다.

3장에서 말했듯이 이렇게 여러 약을 처방받다가는 다약제 복용으로 오히려 몸에 악영향만 끼칠 수 있다. 그러니 모든 의사의 지시를 반드시 따를 필요는 없다. 약은 가능한 한 적게, 꼭 필요한 것만 복용하면 된다. 이것이 약을 대하는 올바른 자세다.

다음은 식사다. 먹고 싶은 음식이 떠오르면 참지 말고 먹자. 나이 들었다고 소식하는 것이 영양 면에서 얼마나 악영향을 끼치는지 앞에서도 충분히 설명했다. 다이어트는 당장 그만두자. 입에서 당기는 음식이 있다면 일단 먹고 영양분을 충분히 섭취하는 것이 좋다.

마지막으로 하고 싶은 일은 절대 참지 말자. 남의 시선은 더 이상 신경 쓸 필요 없다. '이 나이에 무슨'이라는 생각도 접어두자. 나이를 먹을수록 하고 싶은 일은 해야 한다. 그게 후회를 남기지 않는 길이자 몸과 마음의 건강을 오래 유지하는 방법이다.

먹고 싶은 음식을 먹고 하고 싶은 일을 하면 스트레스가 쌓일 일이 없다. 60세부터는 참지 말고 남은 인생을 거침없이, 자유롭게 즐기자.

나이 먹고
뒤늦게 후회하는 6가지

지금까지 고령의 환자들을 만나면서 깨달은 사실이 한 가지 있다. 노년에 들어서 과거의 삶을 후회하는 사람이 생각보다 많다는 것이다. 다시 젊어질 수 있다면 다르게 살 것이라는 이들도 여럿 있었다. 사람들이 나이 들어 후회하는 것은 대부분 아래의 6가지로 나뉜다.

1. 좋아하는 일을 많이 하지 못했다.
2. 다양한 경험을 해보지 못했다.
3. 개성을 억누르며 남에게 맞추려고 애썼다.
4. 주변에 적극적으로 생각을 표현하지 못했다.
5. 돈 걱정만 하며 살았다.
6. 의사의 말을 과하게 믿고 따랐다.

읽다 보니 가슴 뜨끔한 부분이 있지 않은가? 위의 6가지를 후회하는 사람이 많다는 사실은 뒤집어 말하면 지금부터 반대로 살면 후회할 일이 적어진다는 뜻이기도 하다.

6가지를 아울러 정리하면 '남의 눈치만 보지 말고 내 개성을 드러내며 원하는 대로 과감하게 사는 것' 정도가 될 것이다. 당장 마인드를 리셋하고 지금부터 후회 없는 인생을 살자.

60대부터 남은 인생은 모두 당신의 손에 달려 있다.

6가지 후회를 남기지 않는 것이야말로 노후를 행복하게
보내는 비결이다.

70대, 비로소
내 인생의 주인공이 되는 시기

꼬불   나이가 들면 체력과 집중력이 떨어져 같은
일을 해도 전보다 시간이 더 오래 걸린다. 그렇다고 모든
것을 내려놓고 포기하면 안 된다. 할 수 없는 일은 어쩔
수 없지만, 할 수 있는 일들은 속도가 조금 느려지고 중
간중간 쉬어가더라도 계속하는 것이 좋다.

'움직이면 피곤해지고 몸에 부담도 될 테니 애쓰지 말
고 그만두자'라고 생각하면 결국 아무것도 하지 않고 멈
추게 된다. 덩달아 의욕도 떨어진다. 당장 몸은 편안하고
쉬는 기분이 들겠지만 그렇게 손을 놓기에 60대는 아직
젊다. 70대도 마찬가지다.

70대는 노화에 맞서 싸우며 대비하는 단계다. 이때를
최선을 다해 잘 넘기고 건강을 유지한 채로 80대를 맞이

해야 한다. 늙어간다는 현실을 받아들이고 내키는 일만 천천히 하며 느긋하게 즐기는 것은 80대 후반에 해도 충분하다. 몸 편히 지내는 것은 그때 해도 늦지 않다.

60대부터 귀찮고 피곤하다고 이런저런 일에서 손을 떼면 80대에는 잔존기능이 거의 남지 않는다. 그러면 즐겁게 살고자 하는 의욕 자체를 잃게 된다. 독서나 정원 가꾸기처럼 가벼운 취미도 10년 이상 멀리하면 다시 시작하기 어려워지는 법이다.

행복하고 즐겁게 사는 80대를 보면 대부분 몰두할 수 있는 '나만의 세계'가 있다. 일상 속에 오랜 취미나 소중하게 여기는 시간이 있다. 외출하거나 사람 만나는 일도 꺼리지 않는다. 그렇다고 정신 없이 돌아다니는 것은 아니다. 그들의 하루는 여유롭고 느긋하게 흘러간다.

그들에게 요즘 사는 게 어떤지 물으면 인생을 즐기느라 지루할 틈이 없다는 답이 돌아온다. 눈 깜짝할 사이에 하루가 지나간다고 한다. 옆에서 보기에는 느리고 한가하게 보이지만 사실 그들은 자신이 좋아하는 일, 관심 있는 일에 폭 빠져 있다.

이토록 알차고 부지런하게 시간을 보낼 수 있는 이

유는 즐거운 일, 좋아하는 일을 찾아 꾸준히 해왔기 때문이다. 80대에 새로운 취미를 찾기는 어렵다. 그러니 60~70대부터 언제든지 즐길 수 있는 취미와 나만의 세계를 넓고 탄탄하게 마련해두어야 한다. 공연 관람, 전시회 감상, 바둑이나 장기 두기, 시 쓰기 등 무엇이든 좋다. 60대에 생긴 취미는 평생 취미가 되는 경우가 많다.

이제 60대인 나는 가끔 70대 노신사들을 보면 부러워진다. 술집의 바 테이블 한쪽에서 홀로 술을 마시는 모습에 특히 그렇다. 주름이 자연스럽게 자리잡은 얼굴과 단정하게 빗어 넘긴 멋진 백발, 희끗한 수염, 몸에 잘 맞는 재킷의 입음새에서 여유가 느껴진다. 편안하고 느긋해 보인다. 아마 그 술집은 그의 오랜 단골집일 것이고, 늘 그 자리에 앉아 술을 마셨을 것이다. 여유롭게 술과 안주를 즐기는 모습이 참 보기 좋다.

조금 이른 저녁때의 밥집에서도 마찬가지다. 나이 지긋한 손님이 좋아하는 초밥을 먹으며 반주로 사케를 즐기는 모습이 멋져 보인다. 여유와 연륜이 느껴진다.

때때로 여행을 즐기는 모습도 동경한다. 젊은 시절에는 열차를 타고 지방에 갈 일이 생겨도 바쁜 일정에 쫓

겨 좀처럼 창밖을 바라볼 여유가 없다. 하지만 70대쯤 된 여행객들은 다르다. 그들은 열차 한쪽 자리에 편안하게 앉아서 바깥 풍경을 바라보거나 책을 읽는다. 그런 모습에서도 여유가 느껴진다.

늙어가는 것이 슬픈 일만은 아니다. 한 해 한 해 나이 먹는 것은 나만의 세상을 만들고 나에게 잘 어울리는 것을 찾아가는 과정이기도 하다. 나이 들어서 비로소 진짜 의미로 인생의 주인공이 되는 사람들도 있다. 성공과 명예가 아닌 진짜 내가 되는 일 말이다. 이 사실을 깨달으면 당신도 누군가의 동경을 받는 멋진 70대가 될 것이다.

당신을 노화로부터
지켜주는 습관

60대부터는 두뇌와 신체를 활발하게 써서 인지력과 잔존기능을 최대한 유지하는 것이 중요하다. 그래야 거동이 불편해져 타인의 돌봄을 받는 시기를 늦출 수 있다. 꾸준히 활동량을 유지하기 위해서는 의욕이 떨어지지 않도록 관리하고 평생 지속할 수 있는 좋은 습관을 만들어두는 것이 좋다.

이때 새로운 습관을 만들어야 하는 이유는 두 가지다. 우선 60대쯤 되면 대부분 은퇴하기 때문이다. 일을 할 때는 매일 규칙적으로 생활하지만 은퇴하고 나면 그럴 일이 없고 게을러진다. 이때 계속 머리를 쓰고 몸을 움직이는 습관을 들여놓지 않으면 두뇌 기능과 운동 기능을 유지하기 힘들다.

두 번째 이유는 이때 생긴 습관이 평생 이어지기 때문이다. 60대부터 매일 걷기로 결심하고 하루에 30분씩이라도 산책을 하던 사람은 70~80대가 되어도 꾸준히 걸을 수 있다. 수영과 등산도 마찬가지다. 할 수 있을 때 운동하는 습관을 들여두면 체력이 허락하는 한 계속하게 된다. 더 이상 운동을 할 수 없게 되어도 몸을 움직이는 습관만은 남아서 다른 무언가라도 하게 된다.

60대를 그저 가만히 앉아서 흘려보내면 70대에 빠르게 늙어버릴지도 모른다. 몸의 근력과 기능을 유지하기 위해서 열심히 움직여야 한다. 이 시기에 습관을 잘 들여야 다가올 80대와 90대까지 건강을 유지할 수 있다.

은퇴 후에는
재미있는 일 찾기

몸과 마음의 건강을 유지하는 가장 좋은 방법
은 역시 일이다. 물론 60대 이후까지 '돈을 벌기 위해' 일
할 필요는 없다. 보수를 따지며 일하는 것은 젊은 시절에
충분히 했으니, 노년에는 하고 싶었던 일이나 재미를 느
끼는 일, 보람찬 일을 찾아보자.

은퇴자에게 일이란 노화를 늦추고 활기를 주는 고마
운 존재다. 이런 사실을 뒷받침하는 통계 자료도 있다.

일본 정부는 5년마다 인구 조사를 실시해 평균 수명
이 높은 장수 지역을 발표한다. 과거 다른 지역보다 평
균 수명이 짧았던 나가노현은 1975년에 남성 평균 수명
전국 4위를 찍더니 1990년부터는 1위도 여러 번 차지했
다. 2010년에는 여성 평균 수명도 1위를 기록하며 남녀
모두 1위를 달성한 지역이 되었다. 가장 최근인 2015년
에는 남성 평균 수명 81.75세로 2위, 여성 평균 수명
87.67세로 1위의 기록을 보여줬다.

나가노의 장수 비결에 관해서는 이런저런 추측이 있

다. 메뚜기나 벌의 유충을 먹는 풍습 때문이라는 추측 혹은 산이 많은 지역이기에 걸어서 길을 오르내리며 허리와 다리가 단련되었기 때문이라는 주장도 있다. 그러나 요즘은 유충을 먹는 일도 드물고 주로 자동차로 이동하기 때문에 이 가설들은 설득력이 부족하다.

나는 나가노의 장수 비결을 고령자의 높은 취업률이라고 생각한다. 나가노는 지금까지 고령자 취업률 1위를 여러 차례 달성했다. 2017년 일본 총무성 발표 자료에 따르면 나가노의 고령자 취업률은 남성 41.6퍼센트, 여성 21.6퍼센트로 모두 전국 1위였다.

오키나와현의 평균 수명도 취업률과 장수의 유의미한 상관관계를 보여준다. 한때 오키나와는 장수 지역의 대명사였다. 지금까지도 여성 평균 수명은 긴 편이다. 그러나 남성 평균 수명은 점점 줄어서 이제 전국 순위에서 크게 밀린 상태다. 2015년에 여성 평균 수명은 전국 7위였던 반면 남성은 36위에 그쳤다.

같은 환경에서 같은 식재료를 먹으며 사는데 순위가 왜 이렇게 벌어졌을까? 나는 그 이유가 취업률에 있다고 생각한다. 오키나와의 남성 고령자 취업률은 전국 최하

위 수준이기 때문이다. 낮은 취업률로 인해 활동량이 떨어져 평균 수명이 줄어든 것 아닐까?

여성은 결혼하자마자 전업주부로 살기 시작해 나이가 들어서도 집안일을 도맡아 하는 경우가 많다. 그래서 취업률이 수명에 직접적인 영향을 미치지 않을 수도 있다. 하지만 남성의 경우는 일을 하는지 하지 않는지 여부가 평균 수명에 상당히 영향을 미치는 것으로 보인다.

조사 결과에 따르면 나가노현의 고령자 1인당 의료비는 전국 최저 수준이다. 나이가 들어도 건강한 사람이 많다는 뜻이다.

고령자에게 일은 활동 수준을 유지하게 해주는 가장 좋은 방법인 셈이다. 집에 머무르지 않고 나가서 일하면 뇌와 신체의 노화를 늦춰 건강하게 오래 살 수 있다. 간혹 자식들이 부모의 건강을 생각한다며 일을 하지 말거나 현역에서 물러나 편히 여생을 즐기라고 권하기도 하는데, 이는 정말 잘못된 생각인 것이다.

다만 여전히 젊을 때와 같은 방식으로 일하기는 어렵다. 노후에는 돈을 벌거나 뛰어난 성과를 내는 것보다 경험과 지식을 사회에 환원하는 방향이 더 바람직하다.

젊은 시절에는 연봉과 성과가 중요했지만 나이가 들면 그것이 전부가 아니라는 사실을 깨닫는다. 은퇴 후에는 그동안 쌓아온 경험을 누군가를 위해 내어준다는 생각으로 일을 해보자.

사회에 기여한다는 점에서 일의 가치를 발견하고 기쁨을 느낄 것이다. 이런 마음가짐이야말로 고령자가 행복하게 일하기 위해 가져야 할 자세이자 노화를 막는 최고의 방지책이다.

내 마음대로 살아도
좋을 나이

'노인'과 '고령자'라는 단어는 특별히 구분하지 않고 써도 자연스럽게 의미가 통한다. 이 책에서도 두 단어를 모두 사용했다.

하지만 원래 고령자란 사회 구성원의 연령 분포에서 위쪽에 있는 사람들을 가리키는 말이다. 예를 들어 평균 수명이 60세인 사회에서는 50세만 넘어도 고령자다.

1960년에 일본인 평균 수명은 남성 65세, 여성 70세였으니 60세 남성은 누가 봐도 고령자였을 것이다. 당시 정년은 55세였고, 퇴직을 하고 나면 온종일 집에 머무르며 가족들의 부양을 받고 손주들의 재롱이나 보는 것이 평범한 일상이었다.

그러나 이제 사람들은 60세에도 일을 한다. 최근 일본 기업들은 대부분 정년을 65세까지 연장하거나(한국의 법정 정년은 만 60세다) 퇴직자 재고용 제도를 시행하고 있다. 그래서 요즘 고령자의 정의는 65세 이상으로 생업에서 은퇴한 사람이라고 할 수 있다. 일본의 의료제도와 공공기관은 65세부터를 전기 고령자로, 75세부터를 후기 고령자로 구분하고 있다.

주변을 보면 남녀 막론하고 70대 초반에도 스스로를 고령자라고 생각하는 사람은 거의 없다. 사실 60대 이후는 인생에서 가장 좋은 때다. 자식들도 모두 자라 독립했고, 주택 대출금 상환도 끝났다. 꼭 해야 할 일도 없다. 모든 의무에서 해방되어 하루 24시간을 온전히 자유롭게 쓸 수 있다. 60대 이후는 앞으로 하고 싶은 일을 마음껏 하며 남은 인생을 즐기고자 의욕을 불태울 때다.

다만 안타깝게도 이때부터 슬슬 노화의 징후가 찾아온다. 건강검진을 받으면 각종 수치가 정상에서 벗어나 있고 결과지에 몇 가지 병명이 찍혀 나온다. 생각지도 못한 큰 병에 걸릴 수도 있다. 같은 나이대의 지인이나 친구들도 마찬가지다. 여기저기서 아프다는 말이 들려온다. 평소에 건강하게 잘 지내던 사람도 그런 소식을 들으면 조심해야겠다는 생각이 들기 마련이다. 자식들도 툭하면 "이제 나이를 생각하셔야지요"라며 걱정한다. 그 말에 고개를 끄덕이며, 나이가 들었으니 그에 맞게 살아야 한다고 스스로 타이르게 된다.

그렇지만 몸 상태가 좋고 건강하다면 고작 나이 때문에 계속해서 "고령자니까 조심해야지"라며 선을 그을 필요가 없다. 오히려 좋아하는 일을 적극적으로 찾고 마음껏 즐길 수 있는 시기가 왔음에 온전히 기뻐하자. 거리낄 것 없이 인생을 즐기면 된다.

60세부터는 당신 인생에서 가장 행복한 시간이 펼쳐질 것이다. 그 시간을 부디 만끽하길 바란다.

가치관 다시 세우기

○ 60세가 되면 인생관과 좌우명을 돌아봐야 한다.
　무언가를 당연시하는 사고방식은 내려놓자.

○ 나이가 들수록 작은 일들도 버겁고 힘들어진다.
　꾸준히 움직이며 잔존기능을 보존하도록 노력하자.

○ 나이가 들었다고 무조건 뜻을 굽힐 필요는 없다.
　누군가에게는 당신의 말이 의미 있는 조언이다.

○ 타인의 말에 귀를 기울이고 마음을 열어라.

○ 60대의 취미와 습관이 평생 간다.
　소소한 나만의 취미와 건강한 습관을 만들어라.

○ 은퇴 후의 일은 최고의 노화 방지책이다.
　60대 이후에는 좋아하는 일을 하자.

60세의 마인드셋 7계명

이 책의 서두에서 행복과 불행을 결정짓는 마인드셋 7계명을 언급했다. 지금까지 나의 주장을 경청하고 공감해 준 독자 여러분이 삶의 중후반을 잘 보내고 행복한 고령자로 살아가기를 기원하며 마지막으로 60대를 위한 마인드셋 7계명을 정리하고자 한다.

1. 이기고 지는 일에 연연하지 말자

사람은 누구나 다른 사람들과 자신의 처지를 비교하기 마련이다. 비교하다 보면 남들보다 앞서 나가

이기고 싶다는 욕심이 생기는 것은 당연하다.

그러나 이기고 지는 것만 생각하면 살면서 아무것도 배울 수 없다. 타인을 인정하면 내가 지는 거라는 고지식한 가치관으로는 원만한 인간관계를 유지하기 어렵다. 처음에는 당신의 말에 웃으며 고개를 끄덕이던 주변 사람들도 하나둘씩 떠나갈 것이다. 그렇게 되면 좁은 시야에 갇혀 점점 고립될지도 모른다. 그러니 승패에만 연연하며 편협한 사고에 빠지는 일은 반드시 피해야 한다.

나이를 먹을수록 고집을 내려놓자. 세상에 유일한 정답은 없다. 다양한 의견을 받아들이면 점점 더 지혜로워질 것이다. 하지만 마음가짐을 바꾸지 못하면 점점 더 어리석어질 뿐이다.

2. 해보기 전에 지레 판단하지 말자

인생은 실험의 연속이다. 나는 50세쯤에 정답을 찾기 위해 책을 읽는다는 생각을 그만두었다. 그때부터는 세상에 다양한 답이 있다는 사실을 받아들이고 다양한 답을 찾고자 더 폭넓은 독서를 시작했다.

간혹 세상만사에 정해진 답안이 있다고 생각하는 사람이 있다. 그는 직접 부딪혀보기도 전에 모범답안만 찾으려고 한다. 이미 마음속으로 정답이 있다고 생각하기 때문에 책을 읽는다 해도 자신의 생각을 뒷받침해주는, 입맛에 맞는 책만 골라 읽는다.

반대로 절대적인 정답은 없으며 실제로 해볼 때까지 모른다는 사실을 받아들이면 세상은 끝없이 넓어질 것이다.

내가 2장에서 주장했던 내용을 기억하는가? 상속세를 100퍼센트로 높이면 고령자들의 적극적인 소비 활동이 늘어 경기가 좋아질 것이라는 주장 말이다. 내가 사람들 앞에서 이렇게 말하면 "전 세계적으로 상속세를 낮추는 추세인데 무슨 소리냐", "어떤 경제학자의 이론에도 맞지 않는 허황된 생각이다"라는 반론이 즉각 튀어나온다. 당연히 그들의 말에도 일리가 있다. 과격한 주장임은 나도 인정한다.

그렇지만 실제로 해보기 전까지는 아무도 모르는 일이다. 현재 일본은 전 세계에서 고령 인구 비율이 가장 높은 나라다. 인류 역사상 유례를 찾아볼 수 없을 정도다. 그렇다면 지금까지 없었던 새로운 정책을 시행해봐도 괜찮지 않을까?

인생은 실험하듯이 살아야 한다. 당신이 오늘 점심으로 라멘을 먹고 싶다고 하자. 항상 가던 단골집에 가면 틀림없이 맛있는 라멘이 나올 것이다. 그런데 단골집 옆에는 다른 라멘집도 있다. 한 번도 가본 적은 없지만, 가끔 사람들이 줄을 서서 기다리는 것으로 보아 맛집인 모양이다. 왠지 꿀꿀하고 기분 전환이 필요한 날, 그 라멘집에 가보는 것은 어떨까? 기대하지도 못한 색다른 인생이 펼쳐질 수도 있다.

아, 색다른 인생까지는 조금 과장되고 유난스러운 표현임은 인정한다. 아무튼 그 가게의 라멘이 맛있다면 당신이 종종 찾을 맛집이 하나 늘어난 것이다. 물론 맛이 없을 수도 있다. 그럴 때는 그저 '오늘 실험은 실패!'라며 가볍게 넘기면 된다.

이렇게 소소한 변화를 계속 시도하면 삶이 즐겁고 풍요로워진다. 일상에 작은 재미가 생기는 것이다. 그래서 나는 다음과 같은 결론을 내렸다.

실제로 해보기 전에 지레 겁먹고 판단하지 말 것. 호기심을 갖고 무엇이든 직접 경험해보자.

3. 틀에 박힌 생각에서 벗어나자

나이가 들수록 사고방식은 점점 보수적으로 변한다. 새로운 것이나 변화가 부담스럽고 어렵게 느껴져 기존의 것을 유지하려 한다. 그래서 많은 고령자들이 "이 나이에 무슨", "나잇값 못한다는 소리나 듣지"라는 변명을 늘어놓으며 새로운 일은 도전조차 하지 않는다.

당연히 지켜야 할 나름의 선을 그어놓고 바깥으로 한 발짝도 내딛으려 하지 않는 그들에게 이렇게 말해주고 싶다. 이제 그만 고정관념을 내려놓자!

쇼핑몰에서 진한 빨간색 셔츠를 발견했다고 하자. 디자인도 독특하고 예뻐서 보는 순간 당신의 마음에 쏙 들었다. 하지만 당신은 '이런 옷을 입으면 너무 눈에 띄겠지?', '나이에 어울리지 않는다고 비웃음만 사는 것은 아닐까?'라는 생각에 주저한다. 세상에는 하고 싶은 일을 바로 하지 못하고 망설이는 사람이 정말 많다.

앞에서 말했듯이 인생은 끝없는 실험의 연속이다. 비웃음을 받을지 아닐지는 알 수 없는 일이다. 그리고 다른 누군가의 생각이 뭐가 중요한가? 당신이 입고 싶다면 일단 입으면 된다. 오히려 잘 어울리고 젊어 보인다는 말을 들을지도 모른다. 실제로 입고 길을 나서기 전까지는 아무도 모르는 일이라는 말이다.

4장에서 살펴본 당위적 사고란 당연히 그렇게 해야 한다고 믿고 따르는 것을 일컫는다. 긍정적인 관점에서는 스스로를 인정하고 좋게 받아들이는 자긍심과 비슷하다고 볼 수도 있지만 그렇지 않은 경우가 더 많다. 당위적 사고방식이 당신 삶의 새로운 가능성과 변화의 문을 점점 닫는다는 사실을 알아야 한다.

당위적 사고는 남의 시선을 지나치게 신경 쓰는 데에서 시작한다. 빨간색 옷을 보고 당신이 주저했던 이유도 결국 주변의 시선을 과하게 의식했기 때문이다. 나이 든 사람이 화려한 옷을 입으면 웃음거리만 될 테니 눈에 띄지 않는 수수한 옷을 입어야 한다며 뻔하고 틀에 박힌 결론을 내려버리는 것이다.

당위적 사고와 고정관념은 당신의 행동 범위를 좁힌다. 그러니 무언가를 하거나 하지 말아야 한다는 사고방식을 가지고 있었다면 과감히 버리자. 타인의 눈에 내가 어떻게 비춰질지 고민하며 시간을 낭비하지 마라.

지팡이를 짚고 걷는 것을 부끄럽게 여기면 점점 바깥 출입을 하지 못하게 된다. 보청기를 끼는 것이 남들 눈에 이상해 보일까 걱정하기 시작하면 여러 사람과 대화 나누는 자리 자체를 피하게 된다.

나이가 들면서 생기는 어쩔 수 없는 변화를 유연하게 받아들이며 이것저것 새롭게 시도해봐야 한다. 그래야 남은 인생을 활기차게 즐길 수 있고, 더불어 노년에 우울증에 빠질 위험도 낮출 수 있다.

4. 지금 이 순간을 즐기자

한동안 여론을 떠들썩하게 달궜던 '노후 자금 2,000만 엔'은 상당히 과장된 수치라고 생각한다. 각종 지표나 현재 상황을 보면 사람들이 불안해하는 것처럼 경제가 휘청이고 위기가 찾아올 가능성은 높지 않다. 그러니 노후 자금에 손대지 않겠다고 허리띠를 졸라매고 절약할 필요 없다.

그보다는 돈을 쓰고 풍요를 즐기며 지금 당장 행복을 느끼는 일이 훨씬 더 중요하다. '노후 자금은 나중을 위해 아껴두자. 5년만 더 버텼다가 좋은 곳으로 여행을 가야지'라고 생각하며 절약하고 있는가? 미안한 말이지만, 5년 후에 당신이 여행을 갈 수 있을지는 누구도 장담할 수 없다.

당신이 꿈꾸는 그 여행지가 어떻게 변할지도 모르고, 5년 안에 다른 일이 생겨 큰돈을 쓰게 될지도 모른다. 지금은 건강하지만 갑자기 이상이 생겨 당장 내일부터 침대에 누워 간호를 받는 처지가 될 수도 있다. 당신은 5년 후를 기약하지만 그때 몸 상태가 지금만큼 좋지 않을 수도 있다. 그러니 지금 당장, 이 순간을 즐겨라.

즐길 수 있을 때 즐기지 않으면 나중에는 즐길 수 없다. 나이가 들어서야 이 사실을 깨닫고 후회하게 된다.

젊은 시절에는 '지금 참고 노력하면 언젠가 좋은 때가 오겠지'라는 마음으로 열심히 사는 것이 성공의 지름길

일지도 모른다. 그러나 어느 정도 나이를 먹으면 그런 생각은 내려놔도 된다. 그보다는 지금 즐기지 않으면 손해라고 생각하는 것이 낫다.

인생은 한 치 앞도 알 수 없다. 당신이 지금 이 순간부터 즐기며 충실하게 살길 기원한다.

5. 남과 비교하지 말자

2021년에 별세한 작가 하시다 스가코는 생전에 『나답게 살다 나답게 죽고 싶다』(21세기북스, 2018)라는 책을 펴내 화제를 모았다.

하시다 스가코는 이 책에서 자신이 어떻게 죽음을 준비하고 있는지, 어떤 죽음을 바라는지 담담하게 밝혔다. 만약 자신이 알츠하이머병에 걸리면 안락사로 생을 마감하고 싶다는 내용도 담겼다. 그녀의 말에 동의하는 사람도 있겠지만, 나는 이 주장이 알츠하이머병 환자나 그 가족들에게 상처가 되는 차별적인 발언이라고 생각한다. 알츠하이머 환자에게도 생을 끝까지 누릴 권리가 있다.

아직 치매에 걸리지 않은 고령자가 치매 환자를 무시하는 듯한 태도를 보이는 경우가 종종 보인다. 마치 자신에게는 절대 벌어지지 않을 일이라는 듯, 치매 환자를 부정적이고 한심하게 보는 듯하다. 이는 고령자가 고령자를 차별하는 셈이다.

그들은 정신이 또렷하고 거동도 잘하며 암에도 걸리지 않았고 성인용 기저귀를 찰 필요도 없으니 비슷한 연배의 타인과 비교해 자신이 '승자'라고 생각하는 것 같다. 그러나 시간이 더 지나면 그들도 언젠가는 노쇠해서 거동이 불편해질 것이다. 그때가 되면 패자가 된 현실을 받아들이지 못해 괴로워할지도 모른다.

치매는 오래 살면 언젠가 걸리는 병이다. 나의 의지대로 피할 수 있는 것도 아니고, 빨리 걸리냐 늦게 걸리냐의 문제다. 지금 당장 치매가 아니라고 안심하며 나와 거리가 먼 이야기로 여길지도 모른다. 하지만 몇 년 지나면 주변 사람이 당신을 그렇게 볼 수도 있다. 그러니 다음 교훈을 항상 마음에 새기자.

남과 비교할 필요가 없다. 사람은 제각각 태어나 모두 함께 나이 드는 존재가 아닌가.

6. 답은 스스로 찾자

우리는 살면서 풍부한 인생 경험을 쌓아간다. 나이를 먹으며 실패와 성공을 수없이 반복하고 직접 피부로 느끼고 배운다. 미처 깨닫지 못했을지언정 60대쯤 되면 몸으로 경험해 단련된 감각을 지니고 있다.

그러니 감각과 직감을 바탕으로 얻어낸 답은 옳다고 믿어도 된다. 특히 육체적, 심리적 상태에 관해서는 스스로가 가장 잘 알 것이다.

코로나-19로 전 세계가 시끄러웠을 때 감염병 전문의들과 정부, 언론은 모두 입을 모아 외출을 자제하라고 했다. 모두가 숨죽인 채 집에 갇히고, 사회적 거리를 유지하며 고독하게 시간을 보내야 했다. 이렇게 집에만 틀어박혀 있으면 신체 활동에 제한이 생기고, 사람을 만날 일이 없어 우울증에 걸리기 쉽다. 계속 이렇게 살 수 있을지 의문이 들지 않았는가? 스스로 견딜 수 없고 힘들다고 느낀다면 밖으로 나가야 한다.

물론 전문가의 의견을 참고하고, 서로 거리를 두며 병이 전염되지 않도록 주의하는 것은 좋다. 하지만 각종 건강 방침을 무비판적으로 수용해서는 안 된다. 나이가 들수록 자기 몸은 자기가 가장 잘 알고, 스스로 가장 잘 지킬 수 있다. 생활 방식이나 건강과 관련해서는 직접 생각해서 내리는 답이 최선의 해답이다.

인생의 큰 결정들도 마찬가지다. 이혼하거나 사별하고 혼자가 된 당신에게 새로운 연인이 생겼다고 하자. 남은 평생을 함께하고 싶을 정도로 뜻이 잘 맞는다. 다시 결혼하고자 준비하며 주변에 알렸더니 자식들과 친구들은 분명 재산이 목적일 것이라며 반대한다. 이런 경우에 어떤 선택을 할 것인가?

새로 만난 연인이 어떤 사람인지, 정말 믿고 영원히 함께할 수 있을지는 당신이 가장 잘 알 것이다. 결혼해서 생활하는 당사자는 바로 당신이다. 그러니 결론도 당신이 마음 가는 대로 내려야 한다.

나이가 들수록 무슨 일이든 타인의 생각보다 나 자신의 생각이 중요하다. 당신의 인생은 당신이 사는 것이다. 다른 누군가가 대신 살아주지도, 책임져주지도 않는다. 그러므로 인생의 모든 결정은 당신이 스스로 판단해서 내려야 한다.

7. 남의 시선을 신경 쓰지 말자

마지막으로 내가 꼭 하고 싶은 말은 타인의 시선을 신경 쓰지 말라는 것이다. 사실 이 말이 앞에서 말한 6가지 마인드셋을 아우르는 말이다.

이기고 지는 일에 집착하거나 고정관념, 당위적 사고 방식에 사로잡히는 이유도 남의 눈을 지나치게 신경 쓰기 때문이다. 그렇지만 타인은 타인이고 나는 나다. 내가 원하는 대로 결정하고 살아가기 위해서는 남의 시선을 의식하는 태도부터 고쳐야 한다.

남의 시선을 신경 쓰지 말라는 말이 타인을 무시하고 폐를 끼쳐도 된다는 뜻은 아니다. 범죄를 저지르거나 상해를 입히는 것은 당연히 안 된다. 남에게 피해를 주지 않는 선에서는 자유롭게 하고 싶은 일들을 즐기며 살자는 것이다.

눈에 띄는 옷을 입고 싶으면 주저 말고 입자. 군데군데 하얗게 보이는 흰머리가 싫다면 과감하게 염색을 해보자. 그런 당신을 보고 어떤 이는 어울리지 않는다거나 젊어 보이려고 애를 쓴다고 할 수도 있다. 그런다고 새치가 안 나는 것도 아닌데 자기만족이라며 비웃는 사람이 있을지도 모른다. 하지만 신경 쓰지 않으면 그만이다. 당신의 마음이 흡족하면 그것으로 된 것이다.

자기만족을 자만심처럼 생각해 나쁘게 보는 사람도 있지만 결코 그렇지 않다. 자기만족은 긍정적이고 행복한 심리 상태다. 스스로 만족감을 느낄 때 분비되는 세로토닌은 기분, 행동, 신체 기능에 중대한 영향을 미치고 건강과 젊음을 유지하게 해준다.

감정과 애정에 대해서도 마찬가지다. 햇살 좋은 날, 배우자와 다정하게 손을 잡고 걸어보자. 나잇값 운운하는 사람들의 시선은 무시하면 그만이다. 밖으로 나가서 새로운 친구를 사귀고, 새로운 경험을 해야 한다. 하고 싶은 일이 있다면 당장 시작하라.

시인 가와다 준은 "황혼에 찾아온 노년의 사랑은 두려울 것이 없다"라는 문장을 남겼다. 나이가 들어도 새롭게 좋아하는 무언가가 생길 수 있다. 이는 꼴불견이거나 나잇값 못하는 행동이 아니라 오히려 축복이다.

인생의 절반쯤 왔으니 남은 절반은 원하는 대로, 후회 없이 살아야 하지 않겠는가. 남이 뭐라고 하든 살고 싶은

대로 살아야 한다. 여기, 마인드셋 7계명이 이제 당신을
행복하게 만들어줄 것이다.

최근 고령화는 일본뿐만 아니라 전 세계적으로 화두가 되고 있다. 이웃 나라인 중국도 마찬가지다.

얼마 전에 내가 알고 지내는 중국 전문가 곤도 다이스케로부터 흥미로운 이야기를 들었다. 그가 중국의 유력 경제지 『경제관찰보』에 나와 내 저서 『80세의 벽』(한스미디어, 2022)을 소개하는 칼럼을 썼더니 큰 화제가 되어 조회수가 200만을 넘었다는 것이다. 심지어 '행복한 고령자'라는 표현이 중국에서 유행어처럼 쓰이기 시작했다고 한다. 슬슬 고령화가 진행 중인 중국에서도 노후를 잘 보내는 방법을 중요하게 여기며 관심 갖는 사람들이 늘어나고 있다는 뜻이다.

과연 나이가 들고 늙어간다는 것은 불행일까, 행복일까? 병상에 누워 있더라도 바깥 풍경을 보며 시 짓기를 즐기는 사람은 하루하루 충분히 행복을 만끽하며 살아간다. 치매 환자의 대부분은 병증이 진행되면 오히려 자주 방긋 미소를 짓는다. 적어도 내 눈에는 늙어가고 있는 그들이 안 좋은 기억을 지우고 행복해지고 있는 것처럼 보인다.

한평생 큰 재산을 모아 고급 요양원에 들어가는 사람도 있을 것이다. 그렇게 해서 본인이 정말 행복하다면 다행이다. 그러나 안타깝게도 그렇지 않은 경우가 의외로 많다. 최고의 서비스를 받으며 호화롭게 지내지만 과거의 영광과 비교하며 지금의 처지를 한탄하는 사람도 종종 있다. 그들에게 눈을 맞추고 이야기를 듣고 안색을 살펴봐도 전혀 행복해 보이지 않는다.

정신의학 분야에는 인지 치료cognitive therapy라는 기법이 있다. 1960년대에 미국의 임상심리학자 아론 벡Aaron T. Beck이 고안한 것으로 왜곡된 인지와 신념을 파악하고 수정하는 치료법이다. 쉽게 말하자면 개인의 부정적인 생각 패턴을 파악하고 이를 바꾸는 데 초점을 맞추는 기법이다. 객관적인 현실을 바꾸기는 어렵지만 주관적인 관점을 바꾸기는 쉽기 때문이다. 현대 정신분석학에서도 상황보다 상황을 보는 견해를 바꿔야 한다는 치료법이

주류를 이룬다.

　마음이 힘들고 괴로울 땐 정신과 의사나 임상 심리사에게 상담을 받는 것이 가장 도움이 된다. 하지만 인지 치료 관련 서적이 다수 출간되어 있는 미국의 사례를 보면 마음만 먹으면 주관은 혼자서도 충분히 바꿀 수 있는 듯하다.

　내가 이 책을 쓴 이유도 그와 일맥상통한다. 나이가 들면 몸이 점점 노화해서 마음처럼 되지 않기에 남은 삶을 어떻게 살아야 할지 아득해지기도 한다. 이때 바꿀 수 없는 상황에 한탄하기보다는 마인드를 리셋하고 상황을 바라보는 눈, 삶의 방식을 바꾸자고 주장하고 싶었다. 그런 의미에서 이 책은 60대를 위한 최초의 자기계발서다. 마인드셋을 바꾸는 것이야말로 앞으로의 삶을 행복하고 즐겁게 살 수 있는 최적의 방법이다.

　이 책을 통해 행복한 노후를 보내는 사람이 조금이라도 늘어난다면 저자로서 그보다 큰 보람은 없을 것이다.

2023년 5월

와다 히데키

옮긴이 **이은혜**

기계공학을 전공하고 엔지니어로 일하다가 행복을 찾아 번역가가 되었다. 이화여자대학교 통번역대학원에서 번역을 공부하고 현재 엔터스코리아에서 일본어 번역가로 활동하고 있다. 주요 역서로 『예민한 사람도 마음이 편안해지는 작은 습관』, 『출근길 심리학』, 『나는 뭘 기대한 걸까』, 『피곤한 게 아니라 우울증입니다』 등이 있다.

60세의 마인드셋

1판 1쇄 발행 2024년 5월 10일
1판 4쇄 발행 2024년 9월 19일

지은이 와다 히데키
옮긴이 이은혜
발행인 박명곤 **CEO** 박지성 **CFO** 김영은
기획편집1팀 채대광, 김준원, 이승미, 김윤아, 이상지
기획편집2팀 박일귀, 이은빈, 강민형, 이지은, 박고은
디자인팀 구경표, 유채민, 임지선
마케팅팀 임우열, 김은지, 전상미, 이호, 최고은

펴낸곳 (주)현대지성
출판등록 제406-2014-000124호
전화 070-7791-2136 **팩스** 0303-3444-2136
주소 서울시 강서구 마곡중앙6로 40, 장흥빌딩 10층
홈페이지 www.hdjisung.com **이메일** support@hdjisung.com
제작처 영신사

ⓒ 현대지성 2024

※ 이 책은 저작권법에 따라 보호받는 저작물이므로 무단 전재와 복제를 금합니다.
※ 잘못 만들어진 책은 구입하신 서점에서 교환해드립니다.

"Curious and Creative people make Inspiring Contents"
현대지성은 여러분의 의견 하나하나를 소중히 받고 있습니다.
원고 투고, 오탈자 제보, 제휴 제안은 support@hdjisung.com으로 보내주세요.

현대지성 홈페이지

이 책을 만든 사람들

기획 이승미 **편집** 이상지, 이승미 **디자인** 임지선